国家出版基金项目
NATIONAL PUBLICATION FOUNDATION

总顾问：王汉斌
总主编：沈德咏

企业所得税与纳税指南

主　编：戴志强
撰　稿：苏　东　朱晓娟

中国民主法制出版社
全国百佳图书出版单位
2014·北京

图书在版编目(CIP)数据

企业所得税与纳税指南 / 戴志强主编. —北京:中国民主法制出版社，2014. 10

(中华人民共和国重要法律知识宣讲)

ISBN 978-7-5162-0602-7

Ⅰ. ①企… Ⅱ. ①戴… Ⅲ. ①企业所得税－税法－基本知识－中国 Ⅳ. ①D922. 22

中国版本图书馆 CIP 数据核字(2014)第 218721 号

图书出品人:肖启明
图 书 策 划:刘海涛
责 任 编 辑:胡玉莹

书　名/企业所得税与纳税指南
主　编/戴志强
撰　稿/苏　东　朱晓娟

出 版 · 发 行/中国民主法制出版社
地 址/北京市丰台区玉林里 7 号(100069)
电 话/63055259(总编室)　63057714(发行部)
传 真/63055259
http://www. npcpub. com
E-mail:mzfz@ npcpub. com
经 销/新华书店
开 本/16 开　710 毫米×1000 毫米
印 张/16. 25　**字数**/217 千字
版 本/2014 年 10 月第 1 版　2014 年 10 月第 1 次印刷
印 刷/航远印刷有限公司

书 号/ISBN 978-7-5162-0602-7
定 价/32. 00 元

总　序

落实依法治国基本方略
加快建设社会主义法治国家

依法治国，是坚持和发展中国特色社会主义的本质要求和重要保障，是实现国家治理体系和治理能力现代化的必然要求，事关我们党执政兴国、事关人民幸福安康、事关党和国家长治久安。2012年12月4日，习近平总书记在首都各界纪念现行宪法公布施行三十周年大会上的重要讲话指出，要落实依法治国基本方略，加快建设社会主义法治国家，强调要以宪法为最高法律规范，继续完善以宪法为统帅的中国特色社会主义法律体系，把国家各项事业和各项工作纳入法制轨道，实行有法可依、有法必依、执法必严、违法必究，维护社会公平正义，实现国家和社会生活制度化、法制化。2013年11月，党的十八届三中全会通过《中共中央关于全面深化改革若干重大问题的决定》，确立了推进法治中国建设的总体目标，对加快建设社会主义法治国家作了全面部署，要求必须坚持依法治国、依法执政、依法行政共同推进，坚持法治国家、法治政府、法治社会一体建设。同时要求全面深化司法体制改革，加快建设公正高效权威的社会主义司法制度，维护人民权益，让人民群众在每一个司法案件中都感受到公平正义。2014 年 10 月，党的十八届四中全会专题研究了全面推进依法治国的若干重大问题，必将为法治中国建设不断注入强劲动力。

以习近平同志为总书记的新一届中央领导集体将依法治国提到了前所未有的高度，进一步表明了党中央全面推进依法治国、走中国特色法治化道路的坚定决心和信心。全面推进依法治国，必须全面推进科学立法、严格执法、公正司法、全民守法进程，确保宪法法律得到一体遵循。新中国成立以来特别是改革开放三十多年来，党带领人民坚持不懈加强立法工作，取得了举世瞩目的成就，一个立足中国国情和实际、适应改革开放和社会主义现代化建设需要、集中体现党和人民意志的，以宪法为统帅，以宪法相关法、民法商法等多个法律部门的法律为主干，由法律、行政法规、地方性法规等多个层次的法律规范构成的中国特色社会主义法律体系已经形成，国家经济建设、政治建设、文化建设、社会建设以及生态文明建设的各个方面总体实现了有法可依，为实现全面建成小康社会宏伟目标奠定了坚实的法律基础。

法律的生命力在于实施。新的历史条件下，确保宪法法律实施的任务越来越重，严格执法、公正司法的要求越来越高，维护社会公平正义的责任越来越大。法律要发挥作用、得到全面实施，就需要全社会尊重和信仰法律。2014 年 1 月 7 日，习近平总书记在中央政法工作会议上的重要讲话强调，要深入开展法制宣传教育，弘扬社会主义法治精神，引导群众遇事找法、解决问题靠法，逐步改变社会上那种遇事不是找法而是找人的现象。认真贯彻习近平总书记重要讲话精神，必须大力加强法制宣传教育，不断探索法律知识教育传播的新途径，为确保法律正确实施，确保严格执法、公正司法、全民守法作出积极贡献。

中国民主法制出版社作为国家级法律专业出版社，始终秉持“立足人大工作，服务民主法制”的出版宗旨，不断推出高质量的图书产品，积极宣传宪法法律和人民代表大会制度，为社会主义民主法制建设作出了重要贡献。为认真贯彻落实习近平总书记系列重要讲话精神特别是关于法治建设的重要论述，积极推进依法治国进程，中国民主法制出版社经过反复研究论证，决定推出《中华人民共和国重要法律知识宣讲》丛书。

该套丛书采取宣讲要点、典型案例、专家评析、法条指引的形式，紧紧围绕法治建设的重点、群众关注的焦点、社会关注的热点、司法实践的难点问题，对法律规定、法律原则、法律精神及其应用问题进行全面阐释。该丛书涵盖中国特色社会主义法律体系方方面面，全面收录各类法律法规，同时筛选了涉及经济、政治、文化、社会和生态文明建设的各类典型案例，清晰展现执法司法工作的生动实践，具有很强的实用性和操作性，对于法学研究和司法实务具有较好的参考价值。

该丛书的出版有助于广大司法实务工作者准确把握法律应用方面的最新情况，解决实际工作中存在的司法疑难问题；有助于广大法律工作者进一步优化知识结构，丰富相关法律知识储备，提高司法工作水平；有助于公民了解最新的法律规定，掌握多样的权利救济途径，依照法定程序理性表达诉求、维护合法权益。诚然，中国特色社会主义建设的实践是永无止境的，立法亦必将随之而不断丰富和完善。丛书出版后，还应当结合最新的立法动态和执法、司法实践，及时进行修订完善和内容更新，确保读者及时、准确掌握最新法律信息，使丛书的社会应用价值不断提升，为社会公众提供更加全面的法律知识信息服务。

全面建成小康社会、实现中华民族伟大复兴的中国梦，必须全面推进依法治国。落实依法治国基本方略，必须不断提高全社会的法律应用水平。出版这套丛书，就是为了有效传播法律知识，弘扬社会主义法治精神，让宪法和法律真正做到家喻户晓，使广大公务人员善于运用法治思维和法治方式推动工作，带头在宪法法律范围内活动，使执法司法工作人员始终坚持严格执法、公正司法，不断提升执法司法能力，使广大人民群众牢固树立法制观念、规则意识，充分相信法律、自觉运用法律、紧紧依靠法律，真正认识到法律不仅是全体公民必须遵循的行为规范，更是保护自身权利的有效方式，促进全社会形成学法、尊法、守法、用法的良好氛围。本套丛书的出版凝聚着编者的心血，衷心期待这套丛书能够实现其出版初衷。

是为序。

最高人民法院常务副院长 沈德咏*

---

* 沈德咏，一级大法官，中国政法大学兼职教授、博士生导师。

编写说明

企业在生产经营过程中有依法纳税的义务，其中企业所得税是对我国境内的企业和其他取得收入的组织的生产经营所得和其他所得征收的一种税，与增值税、营业税等流转税相比，企业所得税具有更广泛的征税范围，无论从事何种业务的法人企业，在生产经营过程中必不可少地需要缴纳企业所得税。因此，有必要对企业所得税法的基本问题有所把握。目前，我国制定的税收征收管理法，对一般性的税收征管作出统一规定；企业所得税法，主要对企业所得税额的计算等实体问题作出规定，税收征管方面仅涉及纳税地点、期间等部分内容，故需要配合税收征收管理法的内容，才能对企业所得税有一个全面的掌握。另外，当前市面上关于税法的案例指导书不少，但以企业所得税法和税收征收管理法为主的案例指导书却不多，且书中引用的法条及选取的案例较为陈旧，无法与现行的税收征收管理法、企业所得税法规范恰当地衔接。

基于此，本书分企业所得税法和税收征收管理法两部分展开。具体内容如下：

（一）企业所得税法部分

我国现行企业所得税法于2008年1月1日起开始实行，已将内外资企业的企业所得税予以统一，不再实行内外有别的政策。企业所得税的计税依据是应纳税所得，它以利润为主要依据，但不是直接意义上的会计利润，更不是收入总额。在计算所得税时，计税依据的计算涉及纳税人的成本、费用、税收激励或限制措施等各个方面，因此，所得税计税依据的计算较为复杂。为加强企业所得税法的可操作性，国务院颁布《企业所得税法实施条例》对企业所得税法中重要概念、规定作出具体解释。同时，财政部、国家税务总局等部门也针对实践中存在的问题出台配套部门规章。

本部分的结构是以企业所得税法中的规定为主线，从中提炼出实践中常见的问题，结合《企业所得税法实施条例》及财政部、国家税务总局等部门颁布的相关部门规章，总结出主要知识点。同时配合典型案例对相关知识点予以讲解，并在案例中结合具体数据对应纳税所得额及应纳税额的计算予以说明。

本部分涉及的法律、法规不限于企业所得税法，还包括《企业所得税法实施条例》、税收征收管理法及其实施细则、残疾人权益保障法和财政部、国家税务总局等部门的配套部门规章，以期尽可能涵盖每一个问题涉及的全部法律规范。

（二）税收征收管理法部分

《中华人民共和国税收征收管理法》自施行以来，在加强税收管理、规范税收征收和缴纳行为、保障国家税收收入、保护纳税人的合法权益、促进经济和社会发展等方面发挥了十分重要的作用。但在十多年的实施过程中也逐步暴露出一些问题，这些问题在一定程度上影响了税收征管工作的有效进行。同时，为了贯彻落实党的十八大精神，依法推进行政审批制度改革和政府职能转变，进一步激发市场、社会的创造活力，国务院决定取消和下放部分法律设定的行政审批事项。全国人大常委会依法对有关法律进行了修订。税收征收管理法被列为修订的法律之一。2013 年 6 月十二届全国人大常委会第三次会议对税收征收管理法进行的修订，重要的内容就是将税收设立登记制度由核准制改为注册制。然而我们同时发现市面上现有的关于税收征收管理法的著作或参考书寥寥无几，且书中引用的法条及选取的案例较为陈旧，无法与现行税收征收管理法规范恰当地衔接。另外，作为与社会公民财产权利、社会公共利益紧密相关的行政行为，税收征收管理与公民日常生活息息相关，每个公民对税收征收管理法有一定的了解是非常有必要的。因此，笔者将从现行的税收征收管理法出发，在选取典型案例的基础上，对每个公民关心的关于税收征收程序、纳税人权利保障和税收强制执行等问题予以说明。

本部分不仅仅针对税收征收管理法这一个法律文本，而是从整个调整税收征收管理的法律规范群的层面进行写作，涉及的法律文本包括税收征收管理法及最新修订的2012年《税收征收管理法实施细则》，以及相关的会计法等法律，力图从一个更为具体的视角把握我国税收征收的相关问题。

本书为《中华人民共和国重要法律知识宣讲》丛书之一，由戴志强主编，苏东、朱晓娟等撰写。鉴于时间及能力有限，笔者不能总结企业所得税和税收征收管理的所有问题并加以梳理，只能选取具有代表性、受大众关注的问题进行说明，以期对社会实践及司法实务助以绵薄之力。同时，我们的学术功底及实务水平亦有限，文中不免存在疏漏、错误之处，殷盼读者予以批评、指正。

编著者

2014年8月

CONTENTS

目录

第一编　企业所得税

第二编　税收征收管理法

第一编　企业所得税

第一章
企业所得税的纳税义务人

▶ 1. 如何认定企业所得税纳税人资格？

【宣讲要点】

企业所得税纳税人资格的认定即确定企业所得税的纳税义务人。企业所得税，顾名思义是对有所得的企业征收的税种，因此，企业所得税的纳税义务人，是指在中华人民共和国境内的企业和其他取得收入的组织。企业所得税法第1条规定："在中华人民共和国境内，企业和其他取得收入的组织（以下统称企业）为企业所得税的纳税人，依照本法的规定缴纳企业所得税。个人独资企业、合伙企业不适用本法。"

由此可见企业所得税的纳税义务人具有如下几个特征：

（1）企业所得税的纳税义务人包括企业和其他组织。其中其他组织主要包括经国家有关部门批准，依法注册、登记的事业单位、社会团体等。

（2）企业所得税的企业纳税义务人须具有法人主体资格。据此，个人独资企业、合伙企业不适用企业所得税法。因为个人独资企业和合伙企业的出资人对外承担无限责任，企业的财产与出资人的财产密不可分，生产经营收入也即出资人个人的收入，并由出资人缴纳个人所得税，故为避免重复征税，这两类企业不适用企业所得税法。同时，有法人资格的企业在中国境内设立的不具备法人资格的分支机构也不具有企业所得税纳税人资格。

（3）企业所得税纳税义务人是取得收入的企业和其他组织。

【典型案例】

位于A省的天元公司是一家以生产电脑提花机为主的高科技国有企业，从设立以来给国家上缴了大量利税。2009年公司为拓展业务，于B省设立一家子公司华元公司，并办理了税务登记和工商登记。同年，该公司于C省设立了分公司天元公司甲市分公司，该分公司从事生产经营活动，独立核算并且办理了工商与税务登记。同时，天元公司总经理李某和华元公司经理张某共同设立合伙企业天华合伙企业，主营服装贸易。天元公司、华元公司、天元公司甲市分公司、天华合伙企业是不是企业所得税的纳税人？

【专家评析】

本案涉及的焦点是企业所得税的纳税人主体的界定。企业所得税是对所得征收的一种税，所以企业所得税的纳税人必须是取得收入的主体。根据企业所得税法第1条相关规定，企业和事业单位、社会团体以及其他取得收入的组织为我国企业所得税的纳税人。同时，根据我国现行的企业类型，大体可以划分为两类：一类是具有法人资格的企业；另一类是不具有法人资格的企业。所谓法人资格，是指具有独立的法律人格，能够独立承担民事责任的能力。具有法人资格的企业是指公司，具体包括国有独资公司、有限责任公司和股份有限公司。不具有法人资格的企业包括个人独资企业和合伙企业。在我国境内，只有具有法人资格的企业才需要缴纳企业所得税，不具有法人资格的企业不需要缴纳企业所得税。因此，需要缴纳企业所得税的企业，是指各类具有独立法人资格的企业。个人独资企业、合伙企业不缴纳企业所得税。

由此可见，我国企业所得税法以是否具有法人资格作为企业所得税纳税人认定标准，故合伙企业及在我国境内设立不具有法人资格的营业机构不是企业所得税的纳税人。本案中，天元公司和华元公司作为法人资格的企业，是企业所得税的纳税人，天元公司甲市分公司仅仅是分支机构，不具有法人资格，虽然其独立核算，但仍然不是企业所得税的纳税人。天华合伙企业属于合伙企业，不具有法人资格，也不具有企业所得税纳税人资格。

需要注意的是，天元公司甲市分公司虽然不是企业所得税的纳税人，但不等于其没有纳税义务。根据《跨省市总分机构企业所得税分配及预算管理办法》，企业实行“统一计算、分级管理、就地预缴、汇总清算、财政调库”的企业所得税征管办法。不同级别的分支机构有不同的税收缴纳方式，总机构和跨省设立的具有主体生产经营职能的二级分支机构，就地分期预缴企业所得税。三级及三级以下分支机构，其经营收入、职工工资和资产总额等统一计入二级分支机构计算。不具有主体生产经营职能且在当地不缴纳营业税、增值税的产品售后服务、内部研发、仓储等企业内部辅助性的二级分支机构以及上年度符合条件的小型微利企业及其分支机构，不实行就地预缴。

本案中天元公司甲市分公司作为天元公司跨省设立的具有主体生产经营职能的分支机构，应当就地分期预缴企业所得税。

【法条指引】

中华人民共和国企业所得税法

第一条 在中华人民共和国境内，企业和其他取得收入的组织（以下统称企业）为企业所得税的纳税人，依照本法的规定缴纳企业所得税。

个人独资企业、合伙企业不适用本法。

企业所得税法实施条例

第二条 企业所得税法第一条所称个人独资企业、合伙企业，是指依照中国法律、行政法规成立的个人独资企业、合伙企业。

跨省市总分机构企业所得税分配及预算管理暂行办法

（一）基本方法。属于中央与地方共享范围的跨省市总分机构企业缴纳的企业所得税，按照统一规范、兼顾总机构和分支机构所在地利益的原则，实行“统一计算、分级管理、就地预缴、汇总清算、财政调库”的处理办法，总分机构统一计算的当期应纳税额的地方分享部分中，25%由总机构所在地分享，50%由各分支机构所在地分享，25%按一定比例在各地间进行分配。……

（二）适用范围。跨省市总分机构企业是指跨省（自治区、直辖市和计划单列市，下同）设立不具有法人资格分支机构的居民企业。

总机构和具有主体生产经营职能的二级分支机构就地预缴企业所得税。三级及三级以下分支机构，其营业收入、职工薪酬和资产总额等统一并入二级分支机构计算。……

▶ 2. 居民企业与非居民企业如何划分？

【宣讲要点】

企业所得税的纳税人分为居民企业和非居民企业，这是根据企业纳税义务范围的宽窄进行的分类方法。为了更好地保障我国税收管辖权的有效行使，根据国际上的通行做法，我国选择了地域管辖权和居民管辖权的双重管辖权标准，以最大限度地维护我国的税收利益。

根据企业所得税法第2条第2、3款规定：“本法所称居民企业，是指依法在中国境内成立，或者依照外国（地区）法律成立但实际管理机构在中国境内的企业。本法所称非居民企业，是指依照外国（地区）法律成立且实际管理机构不在中国境内，但在中国境内设立机构、场所的，或者在中国境内未设立机构、场所，但有来源于中国境内所得的企业。”

因此，居民企业的条件是企业成立地或实际管理机构所在地在中国境内。这体现了我国税收的居民管辖权。其中，依法在中国境内成立的企业包括依照中国法律、行政法规在中国境内成立的企业、事业单位、社会团体以及其他取得收入的组织。依照外国（地区）法律成立的企业包括依照外国（地区）法律成立的企业和其他取得收入的组织。实际管理机构，是指对企业的生产经营、人员、账务、财产等实施实质性全面管理和控制的机构。

非居民企业是在不具备居民企业条件的基础上，但在中国境内设立机构、场所或虽未设立机构场所但有来源于中国境内所得的企业。体现了我国税收的属地管辖权，即不论纳税主体所属国，其所得源于我国境为即需要在我国承担纳税义务。其中，机构、场所，是指在中国境内从事生产经营活动的机构、场所，包括：管理机构、营业机构、办事机构；工厂、农场、开采自然资源的场所；提供劳务的场所；从事建筑、安装、装配、修理、勘探等工程作业的场所；其他从事生产经营活动的机构、场所。非居民企业委托营业代理人在中国境内从事生产经营活动的，包括委托单位或者个人经常代其签订合同，或者储存、交付货物等，该营业代理人视为非居民企业在中国境内设立的机构、场所。

根据企业所得税法第3条的规定，居民企业和非居民企业负有不同的纳税义务，居民企业应就其来源于中国境内、境外的所得缴纳企业所得税。非居民企业在中国境内设立机构、场所的，应当就其所设机构、场所取得的来源于中国境内的所得，以及发生在中国境外但与其所设机构、场所有实际联系的所得，缴纳企业所得税。非居民企业在中国境内未设立机构、场所的，应当就其来源于中国境内的所得缴纳企业所得税。

【典型案例】

英特公司为总部在美国，依照美国法律设立的跨国公司。海华公司为英特公司在中国依照中国法律设立的中外合资公司。同时，英特公司在中国有一分支机构，即海特办事处。2010 年海华公司全年企业收入 8000 万元，同年海特办事处取得收入 500 万元，英特公司从海华公司取得股息红利所得 400 万元，该笔收入与海特办事处无实际联系。

本案中对英特公司与海华公司如何征收企业所得税?

【专家评析】

本案的焦点是居民企业和非居民企业的划分。

我国企业所得税法第 2 条将企业分为居民企业和非居民企业，根据该条规定及上述要点分析，本案中英特公司是依照美国法律设立且在中国无实际管理机构，但在中国设有分支机构，因此属于非居民企业。海华公司则是在中国境内依照中国法律设立，因此属于居民企业。

对于居民企业，应当就其来源于中国境内、境外的所得缴纳企业所得税。企业所得税的税率是25%。故海华公司应纳税额 = 8000 × 25% = 2000（万元）。

对于非居民企业，在中国境内设立机构、场所的，应当就其所设机构、场所取得的来源于中国境内的所得，以及发生在中国境外但与其所设机构、场所有实际联系的所得，缴纳企业所得税。因此，英特公司的应税收入分为两部分：一部分是从海华公司处取得的股息红利所得400万元，这部分属于与其所设机构、场所没有实际联系的来源于中国境内的所得；另一部分是海特办事处的500万元收入，这部分属其所设机构、场所取得的来源于中国境内的所得。对于第一部分的收入，适用的税率为20%；对于第二部分收入适用的税率为25%。

另外，根据《企业所得税法实施条例》的规定，非居民企业取得企业所得税法第27条第5项规定的所得，按10%的税率征收企业所得税。因此，对于英特公司第一部分的收入实际适用的税率是10%。则：

英特公司应纳税额 = 400 × 10% + 500 × 25% = 165（万元）

【法条指引】

中华人民共和国企业所得税法

第二条 企业分为居民企业和非居民企业。

本法所称居民企业，是指依法在中国境内成立，或者依照外国（地区）法律成立但实际管理机构在中国境内的企业。

本法所称非居民企业，是指依照外国（地区）法律成立且实际管理机构不在中国境内，但在中国境内设立机构、场所的，或者在中国境内未设立机构、场所，但有来源于中国境内所得的企业。

第三条 居民企业应当就其来源于中国境内、境外的所得缴纳企业所得税。

非居民企业在中国境内设立机构、场所的，应当就其所设机构、场所取得的来源于中国境内的所得，以及发生在中国境外但与其所设机构、场所有实际联系的所得，缴纳企业所得税。

非居民企业在中国境内未设立机构、场所的，或者虽设立机构、场所但取得的所得与其所设机构、场所没有实际联系的，应当就其来源于中国境内的所得缴纳企业所得税。

第四条　企业所得税的税率为25%。

非居民企业取得本法第三条第三款规定的所得，适用税率为20%。

企业所得税法实施条例

第三条　企业所得税法第二条所称依法在中国境内成立的企业，包括依照中国法律、行政法规在中国境内成立的企业、事业单位、社会团体以及其他取得收入的组织。

企业所得税法第二条所称依照外国（地区）法律成立的企业，包括依照外国（地区）法律成立的企业和其他取得收入的组织。

第四条　企业所得税法第二条所称实际管理机构，是指对企业的生产经营、人员、账务、财产等实施实质性全面管理和控制的机构。

第五条　企业所得税法第二条第三款所称机构、场所，是指在中国境内从事生产经营活动的机构、场所，包括：

（一）管理机构、营业机构、办事机构；

（二）工厂、农场、开采自然资源的场所；

（三）提供劳务的场所；

（四）从事建筑、安装、装配、修理、勘探等工程作业的场所；

（五）其他从事生产经营活动的机构、场所。

非居民企业委托营业代理人在中国境内从事生产经营活动的，包括委托单位或者个人经常代其签订合同，或者储存、交付货物等，该营业代理人视为非居民企业在中国境内设立的机构、场所。

第六条　企业所得税法第三条所称所得，包括销售货物所得、提供劳务所得、转让财产所得、股息红利等权益性投资所得、利息所得、租金所得、特许权使用费所得、接受捐赠所得和其他所得。

第七条 企业所得税法第三条所称来源于中国境内、境外的所得，按照以下原则确定：

（一）销售货物所得，按照交易活动发生地确定；

（二）提供劳务所得，按照劳务发生地确定；

（三）转让财产所得，不动产转让所得按照不动产所在地确定，动产转让所得按照转让动产的企业或者机构、场所所在地确定，权益性投资资产转让所得按照被投资企业所在地确定；

（四）股息、红利等权益性投资所得，按照分配所得的企业所在地确定；

（五）利息所得、租金所得、特许权使用费所得，按照负担、支付所得的企业或者机构、场所所在地确定，或者按照负担、支付所得的个人的住所地确定；

（六）其他所得，由国务院财政、税务主管部门确定。

第九十一条第一款 非居民企业取得企业所得税法第二十七条第（五）项规定的所得，减按10%的税率征收企业所得税。

▶ 3. 非居民企业发生在中国境外但与其所设机构、场所有实际联系的所得是否应缴纳企业所得税？

【宣讲要点】

企业所得税法第3条第2、3款规定："非居民企业在中国境内设立机构、场所的，应当就其所设机构、场所取得的来源于中国境内的所得，以及发生在中国境外但与其所设机构、场所有实际联系的所得，缴纳企业所得税。非居民企业在中国境内未设立机构、场所的，或者虽设立机构、场所但取得的所得与其所设机构、场所没有实际联系的，应当就其来源于中国境内的所得缴纳企业所得税。"由此可知，对于非居民企业的纳税义务，一般就来源于中国境内的所得缴纳企业所得税。但若在中国境内设立机构、场所，发生在中国境外的与该机构、场所有实际联系的所得，也应缴纳企业所得税。

【典型案例】

A公司为一美国公司，该公司在中国设有一办事处B。2010年，A公司将该办事处的部分经营场所出租给德国公司C公司使用，获得C公司支付的租赁费用200万元。A公司对该笔收入是否应当缴纳企业所得税？

【专家评析】

本案中美国A公司是非居民企业，并且该公司在中国设有机构、场所即办事处B。根据企业所得税法第3条第2款的规定："非居民企业在中国境内设立机构、场所的，应当就其所设机构、场所取得的来源于中国境内的所得，以及发生在中国境外但与其所设机构、场所有实际联系的所得，缴纳企业所得税。"对于本案，要判断A公司取得的200万元租赁费是否应缴纳企业所得税，首先需判断该笔所得的来源。

根据《企业所得税法实施条例》第7条第5项，"利息所得、租金所得、特许权使用费所得，按照负担、支付所得的企业或者机构、场所所在地确定，或者按照负担、支付所得的个人的住所地确定"。本案中，200万元租赁费为租金所得，支付者系德国公司，因此该笔所得的来源地是德国，也就是说该笔收入属于发生在中国境外的收入。A公司对该笔收入是否需要缴纳企业所得税，还需要判断该笔收入与A公司在中国设立的办事处是否有实际联系。

根据《企业所得税法实施条例》第8条的规定："企业所得税法第三条所称实际联系，是指非居民企业在中国境内设立的机构、场所拥有据以取得所得的股权、债权，以及拥有、管理、控制据以取得所得的财产等。"非居民企业取得的所得如果与其在中国境内设立的机构、场所有以下两种关系的，就属于有"实际联系"：(1) 非居民企业取得的所得，是通过该机构、场所拥有的股权、债权而取得的。例如，非居民企业通过该机构、场所对其他企业进行股权、债权等权益性投资或者债权性投资而获得股息、红利或者利息收入，就可以认定为与该机构、场所有实际联系。

（2）非居民企业取得的所得，是通过该机构、场所拥有、管理或控制的财产取得的。例如，非居民企业将境内或境外的房产对外出租收取的租金，如果该房产是由该机构、场所拥有、管理或者控制的，那么就可以认定这笔租金收入与该机构、场所有实际联系。本案中，A公司取得的租赁费来源于对设在中国境内的办事处B的经营场所的出租，属于此处的“第二种关系”，因此该笔收入与B办事处有实际联系。

综上所述，A公司取得的200万元租赁费属于来源于中国境外但与设立在中国境内的机构、场所有实际联系的收入，A公司需要对其缴纳企业所得税。

【法条指引】

中华人民共和国企业所得税法

第三条 居民企业应当就其来源于中国境内、境外的所得缴纳企业所得税。

非居民企业在中国境内设立机构、场所的，应当就其所设机构、场所取得的来源于中国境内的所得，以及发生在中国境外但与其所设机构、场所有实际联系的所得，缴纳企业所得税。

非居民企业在中国境内未设立机构、场所的，或者虽设立机构、场所但取得的所得与其所设机构、场所没有实际联系的，应当就其来源于中国境内的所得缴纳企业所得税。

企业所得税法实施条例

第七条 企业所得税法第三条所称来源于中国境内、境外的所得，按照以下原则确定：

（一）销售货物所得，按照交易活动发生地确定；

（二）提供劳务所得，按照劳务发生地确定；

（三）转让财产所得，不动产转让所得按照不动产所在地确定，动产转让所得按照转让动产的企业或者机构、场所所在地确定，权益性投资资产转让所得按照被投资企业所在地确定；

（四）股息、红利等权益性投资所得，按照分配所得的企业所在地确定；

（五）利息所得、租金所得、特许权使用费所得，按照负担、支付所得的企业或者机构、场所所在地确定，或者按照负担、支付所得的个人的住所地确定；

（六）其他所得，由国务院财政、税务主管部门确定。

第八条 企业所得税法第三条所称实际联系，是指非居民企业在中国境内设立的机构、场所拥有据以取得所得的股权、债权，以及拥有、管理、控制据以取得所得的财产等。

▶ 4. 什么是企业所得税的征税对象？

【宣讲要点】

征税对象又叫课税对象、征税客体，是指税法规定对什么征税，是征纳税双方权利义务共同指向的客体或标的物，是区别一种税与另一种税的重要标志。征税对象是税法最基本的要素，它体现着征税的最基本界限，决定着某一种税的基本征税范围。同时，征税对象也决定了各个不同税种的名称。如消费税、土地增值税、个人所得税等，这些税种因征税对象不同、性质不同，税名也就不同。

企业所得税的征税对象，是指纳税人取得的生产经营所得、其他所得和清算所得，其中生产经营所得是指从事物质生产、交通运输、商品流通、劳动服务，以及国务院财政部门确认的其他营利事业取得的所得。

企业所得税法第6条规定，企业以货币形式和非货币形式从各种来源取得的收入，为收入总额。具体包括：（1）销售货物收入；（2）提供劳务收入；（3）转让财产收入；（4）股息、红利等权益性投资收益；（5）利息收入；（6）租金收入；（7）特许权使月费收入；（8）接受捐赠收入；（9）其他收入。

【典型案例】

甲公司是一家生产电脑软件的高科技企业，从设立以来给国家上缴了大量利税。近年来，由于私营企业大量介入竞争，该公司效益大不如前。2009年10月，为了寻求创收捷径，以适应市场需求，总经理叶某决定自行设立一个“高科技创业委员会”。该委员会既没有办理营业执照，又没有进行纳税登记，而在悄悄地进行新产品的研发、加工。截至2011年9月，非法获利达100万元；同年转让一项高科技技术，获得转让费20万元。根据公司总经理叶某的决定，上述收入的利润作为本年度公司员工的福利发放。

2012年4月，主管税务机关根据群众举报，对该公司进行了税务检查，查明了以上事实，责令公司补缴税款。

【专家评析】

本案涉及的主要问题是企业所得税的征税对象。企业所得税以生产经营所得、其他所得和清算所得为征税对象，本案中甲公司的转让收入及生产收入都属于企业所得税的征税对象。因此，该公司的应税收入额 = 100万元 + 20万元 = 120万元。

本案中甲公司成立所谓“高科技创业委员会”，从事生产经营活动。税收征收管理法第15条第1款规定：“企业，企业在外地设立的分支机构和从事生产、经营的场所，个体工商户和从事生产、经营的事业单位（以下统称从事生产、经营的纳税人）自领取营业执照之日起三十日内，持有关证件，向税务机关申报办理税务登记。税务机关应当于收到申报的当日办理登记并发给税务登记证件。”该“高科技创业委员会”作为从事生产经营活动的实体，应当办理税务登记。该“高科技创业委员会”没有取得营业执照，也就没有进行税务登记。这就使该“高科技创业委员会”的所得不能从税务机关的征税活动中得到反映。由于征税对象被该公司隐瞒，征税活动也就失去了存在的依据，纳税人由此逃避了其应尽的纳税义务。对于这种行为，应依照税收征收管理法第63条第1款规定处罚：“纳税人伪造、变造、隐匿、擅自销毁账簿、记账凭证，或者在账簿上多列支出或者不列、少列收入，或者经税务机关通知申报而拒不申报或者进行虚假的纳税申报，不缴或者少缴应纳税款的，是偷税。对纳税人偷税的，由税务机关追缴其不缴或者少缴的税款、滞纳金，并处不缴或者少缴的税款百分之五十以上五倍以下的罚款；构成犯罪的，依法追究刑事责任。”

【法条指引】

中华人民共和国企业所得税法

第六条　企业以货币形式和非货币形式从各种来源取得的收入，为收入总额。包括：

（一）销售货物收入；

（二）提供劳务收入；

（三）转让财产收入；

（四）股息、红利等权益性投资收益；

（五）利息收入；

（六）租金收入；

（七）特许权使用费收入；

（八）接受捐赠收入；

（九）其他收入。

中华人民共和国税收征收管理法

第十五条　企业，企业在外地设立的分支机构和从事生产、经营的场所，个体工商户和从事生产、经营的事业单位（以下统称从事生产、经营的纳税人）自领取营业执照之日起三十日内，持有关证件，向税务机关申报办理税务登记。税务机关应当于收到申报的当日办理登记并发给税务登记证件。

工商行政管理机关应当将办理登记注册、核发营业执照的情况，定期向税务机关通报。

本条第一款规定以外的纳税人办理税务登记和扣缴义务人办理扣缴税款登记的范围和办法，由国务院规定。

第六十三条 纳税人伪造、变造、隐匿、擅自销毁帐簿、记帐凭证，或者在帐簿上多列支出或者不列、少列收入，或者经税务机关通知申报而拒不申报或者进行虚假的纳税申报，不缴或者少缴应纳税款的，是偷税。对纳税人偷税的，由税务机关追缴其不缴或者少缴的税款、滞纳金，并处不缴或者少缴的税款百分之五十以上五倍以下的罚款；构成犯罪的，依法追究刑事责任。

扣缴义务人采取前款所列手段，不缴或者少缴已扣、已收税款，由税务机关追缴其不缴或者少缴的税款、滞纳金，并处不缴或者少缴的税款百分之五十以上五倍以下的罚款；构成犯罪的，依法追究刑事责任。

企业所得税法实施条例

第十六条 企业所得税法第六条第（三）项所称转让财产收入，是指企业转让固定资产、生物资产、无形资产、股权、债权等财产取得的收入。

第二章
企业所得税应纳税所得额的计算

▶ 1. 什么是企业所得税应纳税所得额?

【宣讲要点】

应纳税所得额是企业所得税的计税依据，按照企业所得税法的规定，应纳税所得额为企业每一个纳税年度的收入总额，减除不征税收入、免税收入、各项扣除以及允许弥补的以前年度亏损后的余额。

基本公式为:

应纳税所得额 = 收入总额 − 不征税收入 − 免税收入 − 各项扣除 − 以前年度亏损

企业应纳税所得额的计算以权责发生制为原则，属于当期的收入和费用，不论款项是否收付，均作为当期的收入和费用；不属于当期的收入和费用，即使款项已经在当期收付，均不作为当期的收入和费用。

【典型案例】

大学生王某与叶某共同设立高科技企业上海市超越公司，专门从事高科技产品生产。2010 年高科技产品销售收入 900 万元，从境外分回投资利润 100 万元，以公司名义投资房产支出 1600 万元。在申报所得税时，该公司以当年支出大于收入为由拒绝缴纳企业所得税。该主张是否符合企业所得税法的规定？

【专家评析】

企业所得税的计税依据为应纳税所得额。纳税人应纳税所得额的计算，以权责发生制为原则，是根据税收法律法规计算出来的，在数额上往往与财务会计制度不相一致。因此，即使企业没有取得会计利润，也需要缴纳企业所得税。

企业所得税是针对纳税人在一定时期内取得的净收入而征收的一种税。但是，这里的净收入不是指纳税人的经营收入减去经营成本后的余额，而是指纳税人在一定时期内所取得的税法规定范围内的收入减去税法规定的支出后的余额。只要有应纳税所得额，就应当缴纳企业所得税。我国企业所得税法第5条对于应纳税所得额的范围作出了明确的规定：企业每一纳税年度的收入总额，减除不征税收入、免税收入、各项扣除以及允许弥补的以前年度亏损后的余额，为应纳税所得额。

该公司的收入为900万元+100万元=1000万元，其投资房产支出的1600万元不得扣除。企业所得税法第11条规定，在计算应纳税所得额时，企业按照规定计算的固定资产折旧，准予扣除。但是，下列固定资产不得计算折旧扣除：(1) 房屋、建筑物以外未投入使用的固定资产；(2) 以经营租赁方式租入的固定资产； (3) 以融资租赁方式租出的固定资产；(4) 已足额提取折旧仍继续使用的固定资产；(5) 与经营活动无关的固定资产；(6) 单独估价作为固定资产入账的土地；(7) 其他不得计算折旧扣除的固定资产。

由于该公司投资房产与公司经营活动无关，因此不得在计算应纳税所得额过程中予以扣除。

综上，可以计算出该公司企业所得税应纳税所得额为1000万元，其应纳税额为250万元。

【法条指引】

中华人民共和国企业所得税法

第五条　企业每一纳税年度的收入总额，减除不征税收入、免税收入、各项扣除以及允许弥补的以前年度亏损后的余额，为应纳税所得额。

第十一条　在计算应纳税所得额时，企业按照规定计算的固定资产折旧，准予扣除。

下列固定资产不得计算折旧扣除：

（一）房屋、建筑物以外未投入使用的固定资产；

（二）以经营租赁方式租入的固定资产；

（三）以融资租赁方式租出的固定资产；

（四）已足额提取折旧仍继续使用的固定资产；

（五）与经营活动无关的固定资产；

（六）单独估价作为固定资产入账的土地；

（七）其他不得计算折旧扣除的固定资产。

企业所得税法实施条例

第九条　企业应纳税所得额的计算，以权责发生制为原则，属于当期的收入和费用，不论款项是否收付，均作为当期的收入和费用；不属于当期的收入和费用，即使款项已经在当期收付，均不作为当期的收入和费用。本条例和国务院财政、税务主管部门另有规定的除外。

第十条　企业所得税法第五条所称亏损，是指企业依照企业所得税法和本条例的规定将每一纳税年度的收入总额减除不征税收入、免税收入和各项扣除后小于零的数额。

▶ 2. 不征税收入与免税收入有何区别?

【宣讲要点】

国家为了扶持和鼓励某些特殊的纳税人和特定的项目，或者避免因征税影响企业的正常经营，对企业取得的某些收入予以不征税或免税的特殊政策，以减轻企业的负担，促进经济协调发展。

不征税收入，是指从性质上不属于企业营利性活动带来的经济利益、不负有纳税义务，并不作为应纳税所得额组成部分的收入，即税法原理上不具有可税性的收入。我国税法规定不征税收入的主要目的是对非经营活动或非营利活动带来的经济利益流入从应税总收入中排除，其不属于税收优惠的范畴。

企业所得税法第 7 条规定，收入总额中的下列收入为不征税收入：(1) 财政拨款；(2) 依法收取并纳入财政管理的行政事业性收费、政府性基金；(3) 国务院规定的其他不征税收入。

《企业所得税法实施条例》第 26 条对以上不征税收入作出了具体解释：(1) 财政拨款，是指各级人民政府对纳入预算管理的事业单位、社会团体等组织拨付的财政资金，但国务院和国务院财政、税务主管部门另有规定的除外。(2) 行政事业性收费，是指依照法律法规等有关规定，按照国务院规定程序批准，在实施社会公共管理，以及在向公民、法人或者其他组织提供特定公共服务过程中，向特定对象收取并纳入财政管理的费用。政府性基金，是指企业依照法律、行政法规等有关规定，代政府收取的具有专项用途的财政资金。(3) 国务院规定的其他不征税收入，是指企业取得的，由国务院财政、税务主管部门规定专项用途并经国务院批准的财政性资金。

免税收入，是指属于企业的应税所得，但按照税法规定免予征收企业所得税的收入。免税收入与不征税收入的内涵与外延是不一致的，具备可税性但国家没有征税的收入属于免税收入，而不具备可税性的收入为不征税收入。

企业所得税法规定的免税收入有：（1）国债利息收入，是指企业持有国务院财政部门发行的国债取得的利息收入。（2）符合条件的居民企业之间的股息、红利等权益性投资收益，是指居民企业直接投资于其他居民企业取得的投资收益，但不包括连续持有居民企业公开发行并上市流通的股票不足12个月取得的投资收益。（3）在中国境内设立机构、场所的非居民企业从居民企业取得与该机构、场所有实际联系的股息、红利等权益性投资收益，但不包括连续持有居民企业公开发行并上市流通的股票不足12个月取得的投资收益。（4）符合条件的非营利组织的收入。非营利组织，是指同时符合下列条件的组织：①依法履行非营利组织登记手续；②从事公益性或者非营利性活动；③取得的收入除用于与该组织有关的、合理的支出外，全部用于登记核定或者章程规定的公益性或者非营利性事业；④财产及其孳息不用于分配；⑤按照登记核定或者章程规定，该组织注销后的剩余财产用于公益性或者非营利性目的，或者由登记管理机关转赠给予该组织性质、宗旨相同的组织，并向社会公告；⑥投入人对投入该组织的财产不保留或者享有任何财产权利；⑦工作人员工资福利开支控制在规定的比例内，不变相分配该组织的财产；⑧国务院财政、税务主管部门规定的其他条件。符合条件的非营利组织的收入，不包括非营利性组织从事营利性活动取得的收入，但国务院财政、税务主管部门另有规定的除外。

【典型案例】

某国有高新技术企业2012年全年销售产品取得收入1000万元，租赁生产设备取得收入400万元，投资某国内公司取得股息红利收益300万元，投资国债取得利息收入100万元，获得国务院拨付的财政性专项资金150万元。该企业以上收入中哪些是不征税收入，哪些是免税收入？

【专家评析】

不征税收入，是指从企业所得税原理上讲应永久不列入征税范围的收入范畴，即税法原理上的不具有可税性的收入，这些收入不属于营利性活动带来的经济利益，而是专门从事特定目的的收入。根据企业所得税法第7条的规定，不征税收入包括：财政拨款；依法收取并纳入财政管理的行政事业性收费、政府性基金及国务院规定的其他不征税收入。本案中，该企业取得的财政性专项资金150万元，属于财政拨款，为不征税收入。

免税收入属于税收优惠范畴，区别于不具有可税性的不征税收入。根据企业所得税法第26条，免税收入包括：（1）国债利息收入；（2）符合条件的居民企业之间的股息、红利等权益性投资收益；（3）在中国境内设立机构、场所的非居民企业从居民企业取得与该机构、场所有实际联系的股息、红利等权益性投资收益；（4）符合条件的非营利组织的收入。本案中，该企业取得的100万元为投资国债的利息收入，属于第26条中第1项免税收入；300万元为投资某国内公司取得的股息红利收益，根据前文关于居民企业的讲解，该企业和“国内公司”属于居民企业，因此该笔收入属于第2项免税收入。

综上所述，本案例中该企业获得国务院拨付的财政性专项资金150万元是不征税收入；投资某国内公司取得的股息红利收益300万元、投资国债取得的利息收入100万元是免税收入。

【法条指引】

中华人民共和国企业所得税法

第七条 收入总额中的下列收入为不征税收入：

（一）财政拨款；

（二）依法收取并纳入财政管理的行政事业性收费、政府性基金；

（三）国务院规定的其他不征税收入。

第二十六条 企业的下列收入为免税收入：

（一）国债利息收入；

（二）符合条件的居民企业之间的股息、红利等权益性投资收益；

（三）在中国境内设立机构、场所的非居民企业从居民企业取得与该机构、场所有实际联系的股息、红利等权益性投资收益；

（四）符合条件的非营利组织的收入。

企业所得税法实施条例

第二十六条 企业所得税法第七条第（一）项所称财政拨款，是指各级人民政府对纳入预算管理的事业单位、社会团体等组织拨付的财政资金，但国务院和国务院财政、税务主管部门另有规定的除外。

企业所得税法第七条第（二）项所称行政事业性收费，是指依照法律法规等有关规定，按照国务院规定程序批准，在实施社会公共管理，以及在向公民、法人或者其他组织提供特定公共服务过程中，向特定对象收取并纳入财政管理的费用。

企业所得税法第七条第（二）项所称政府性基金，是指企业依照法律、行政法规等有关规定，代政府收取的具有专项用途的财政资金。

企业所得税法第七条第（三）项所称国务院规定的其他不征税收入，是指企业取得的，由国务院财政、税务主管部门规定专项用途并经国务院批准的财政性资金。

第八十二条 企业所得税法第二十六条第（一）项所称国债利息收入，是指企业持有国务院财政部门发行的国债取得的利息收入。

第八十三条 企业所得税法第二十六条第（二）项所称符合条件的居民企业之间的股息、红利等权益性投资收益，是指居民企业直接投资于其他居民企业取得的投资收益。企业所得税法第二十六条第（二）项和第（三）项所称股息、红利等权益性投资收益，不包括连续持有居民企业公开发行并上市流通的股票不足12个月取得的投资收益。

▶ 3. 工资薪金及相关支出扣除标准是什么？

【宣讲要点】

企业申报的扣除项目和金额要真实、合法。一般应遵循权责发生制原则、配比原则、相关性原则、确定性原则、合理性原则。企业所得税法规定，企业实际发生的与取得收入有关的合理的支出，包括成本、费用、税金、损失和其他支出，准予在计算应纳税所得额时扣除。

（1）工资薪金扣除标准。工资薪金，是指企业每一纳税年度支付给在本企业任职或者受雇的员工的所有现金或者非现金形式的劳动报酬，包括基本工资、奖金、津贴、补贴、年终加薪、加班工资，以及与员工任职或者受雇有关的其他支出。

企业所得税法和企业所得税法实施条例统一了企业的工资薪金支出税前扣除政策，规定企业发生的合理的工资薪金支出，准予扣除。对“合理”的判断，主要从雇员实际提供的服务与报酬总额在数量上是否配比合理进行，凡是符合企业生产经营活动常规而发生的工资薪金支出都可以在税前据实扣除。

税务机关在对工资薪金进行合理性确认时，可按以下原则把握：一是企业制定了较为规范的员工工资薪金制度；二是企业所制定的工资薪金制度符合行业及地区水平；三是企业在一定时期所发放的工资薪金是相对固定的，工资薪金的调整是有序进行的；四是企业对实际发放的工资薪金，已依法履行了代扣代缴个人所得税义务；五是有关工资薪金的安排，不以减少或逃避税款为目的。

（2）相关支出扣除标准。企业发生的职工福利费、工会经费、职工教育经费按标准扣除，未超过标准的按实际数扣除，超过标准的职能按标准扣除。

三项经费的扣除标准具体如下：一是企业发生的职工福利费支出，不超过工资薪金总额14%的部分准予扣除；二是企业拨缴的工会经费，不超过工资薪金总额2%的部分准予扣除；三是除国务院财政、税务主管部门另有规定外，企业发生的职工教育经费支出，不超过工资薪金总额2.5%的部分准予扣除，超过部分准予在以后纳税年度结转扣除。

这里的工资薪金总额是上文提到的工资薪金实际发放总和，不包括企业的职工福利费、职工教育经费、工会经费及社会保险费、住房公积金。属于国有性质的企业，其工资薪金，不得超过政府有关部门给予的限定数额；超过部分，不得计入企业工资薪金总额，也不得在计算企业应纳税所得额时扣除。

【典型案例】

昊天公司是从事食品生产业务的公司，2012 年全年营业收入 2000 万元，支付职工的工资薪金 100 万元，发放职工福利 20 万元，发生职工教育费用 2 万元，拨缴工会经费 25 万元，为企业子女入托支付给幼儿园赞助费用 40 万元，违反食品卫生法被政府处以罚款 10 万元。假定不存在其他纳税调整事项，本案中可以扣除的项目有哪些？

【专家评析】

本案例主要讨论的是企业所得税的准予扣除项目问题。根据企业所得税法第 8 条的规定，“企业实际发生的与取得收入有关的、合理的支出，包括成本、费用、税金、损失和其他支出，准予在计算应纳税所得额时扣除。”因此，企业发生的合理的工资薪金及相关支出准予扣除。根据“宣讲要点”中关于合理的工资薪金的定义，本案中，昊天公司支付的 100 万元工资薪金可以扣除。根据本案所给信息，相关支出主要包括职工福利费、职工教育经费、工会经费。

企业发生的职工福利费支出，不超过工资薪金总额的 14% 部分准予扣除。因此，昊天公司本年度职工福利费支出的最高扣除额为 100 万元 × 14% = 14 万元，实际发生 20 万元，本年度得以扣除职工福利费用支出 14 万元。

除国务院财政、税务主管部门另有规定外，企业发生的职工教育经费支出，不超过工资薪金总额 2.5% 的部分，准予扣除；超过部分，准予在以后纳税年度结转扣除。因此，昊天公司本年度职工教育经费支出最高扣除额为 100 万元 × 2.5% = 2.5 万元，实际发生 2 万元，本年度得以扣除职工教育经费支出 2 万元。

企业拨款的工会经费，不超过工资薪金总额 2% 的部分，准予扣除。因此，昊天公司本年度工会经费支出最高扣除额为 100 万元 × 2% = 2 万元，实际发生 25 万元，本年度得以扣除工会经费 2 万元。

企业所得税法第10条规定，在计算应纳税所得额时，有8种支出不得扣除。根据该条规定，本案中，昊天公司为企业子女入托支付给幼儿园赞助费用40万元以及违反食品卫生法被政府处以罚款10万元不得扣除。

综上，本案中，准予扣除的项目是实际支付职工工资100万元，职工福利费14万元，职工教育经费2万元，工会经费2万元。

【法条指引】

中华人民共和国企业所得税法

第八条 企业实际发生的与取得收入有关的、合理的支出，包括成本、费用、税金、损失和其他支出，准予在计算应纳税所得额时扣除。

第十条 在计算应纳税所得额时，下列支出不得扣除：

（一）向投资者支付的股息、红利等权益性投资收益款项；

（二）企业所得税税款；

（三）税收滞纳金；

（四）罚金、罚款和被没收财物的损失；

（五）本法第九条规定以外的捐赠支出；

（六）赞助支出；

（七）未经核定的准备金支出；

（八）与取得收入无关的其他支出。

企业所得税法实施条例

第三十四条 企业发生的合理的工资薪金支出，准予扣除。

前款所称工资薪金，是指企业每一纳税年度支付给在本企业任职或者受雇的员工的所有现金形式或者非现金形式的劳动报酬，包括基本工资、奖金、津贴、补贴、年终加薪、加班工资，以及与员工任职或者受雇有关的其他支出。

第四十条 企业发生的职工福利费支出，不超过工资薪金总额14%的部分，准予扣除。

第四十一条　企业拨缴的工会经费，不超过工资薪金总额2%的部分，准予扣除。

第四十二条　除国务院财政、税务主管部门另有规定外，企业发生的职工教育经费支出，不超过工资薪金总额2.5%的部分，准予扣除；超过部分，准予在以后纳税年度结转扣除。

▶ 4. 借款费用与利息支出的扣除标准是什么？

【宣讲要点】

（1）借款费用扣除标准。企业在生产经营活动中发生的合理的不需要资本化的借款费用，准予扣除。企业为购置、建造固定资产、无形资产和经过12个月以上的建造才能达到预定可销售状态的存货发生借款的，在有关资产购置、建造期间发生的合理的借款费用，应当作为资本性支出计入有关资产的成本，并依照《企业所得税法实施条例》的规定扣除（具体参见相关资产的税务处理部分）。

企业通过发行债券、取得贷款、吸收保户储金等方式融资而发生的合理的费用支出，符合资本化条件的，应计入相关资产成本；不符合资本化条件的，应作为财务费用，准予在企业所得税前据实扣除。

（2）利息费用扣除标准。企业在生产经营活动中发生的下列利息支出，准予扣除：一是非金融企业向金融企业借款的利息支出、金融企业的各项存款利息支出和同业拆借利息支出、企业经批准发行债券的利息支出；二是非金融企业向非金融企业借款的利息支出，不超过按照金融企业同期同类贷款利率计算的数额的部分。

企业从关联方接受的债权性投资与权益性投资的比例超过规定标准而发生的利息支出，不得在计算应纳税所得额时扣除。具体标准如下：金融企业为5∶1，其他企业为2∶1。企业向股东或其他与企业有关联关系的自然人借款的利息支出，符合规定条件的（关联方比例和标准），准予扣除。企业向除上述规定以外的内部职工或其他人员借款的利息支出，其借款情况同时符合以下条件的，其利息支出在不超过按照金融企业同期同类贷款利率计算的数额的部分，准予扣除：一是企业与个人之间的借贷是真实、合法、有效的，并且不具有非法集资目的或其他违反法律、法规的行为；二是企业与个人之间签订了借款合同。

【典型案例】

江苏省某市天堂公司2012年4月1日向银行借款500万元用于建造厂房，借款期限1年，当年向银行支付了3个季度的借款利息22.5万元，该厂房于10月31日竣工结算并投入使用。该公司2012年度实现会计利润总额25万元。经注册会计师审核，“财务费用”账户中列支有三笔利息费用：向银行借入生产用资金200万元，借用期限6个月，支付借款利息5.8万元；经过批准向本企业职工借入生产用资金60万元，借用期限10个月，支付借款利息3.5万元；向非金融企业借款250万元所支付的年利息20万元。同时，当年该公司归还关联企业一年期借款本金1200万元，按事先约定的7.5%利率另支付利息费用90万元（注：关联企业对天堂公司的权益性投资额为480万元，同期银行贷款年利率为5.8%）。该公司2012年借款费用为40万元。该公司2012年税前可扣除的财务费用是多少？

【专家评析】

本案主要解决企业所得税应纳税所得额中利息费用、借款费用的扣除标准。

（1）根据《企业所得税法实施条例》第37条的规定，企业在生产经营活动中发生的合理的不需要资本化的借款费用，准予扣除。但企业为购置、建造固定资产、无形资产和经过12个月以上的建造才能达到预定可销售状态的存货发生借款的，在有关资产购置、建造期间发生的合理的借款费用，应当作为资本性支出计入有关资产的成本，并依照本条例的规定扣除。因此，本案中天堂公司2012年4月1日向银行所借500万元用于建造厂房，建设期间的借款利息应计入厂房成本，即2012年4月1日至2012

年10月31日期间的借款利息不属于财务费用，不按借款费用扣除。可扣除的借款费用为2012年11月1日至2012年12月31日期间的借款利息，其数额 =22.5 ÷9 ×2 =5（万元）。

（2）根据《企业所得税法实施条例》第38条的规定，非金融企业向金融企业借款的利息支出准予在税前扣除。本案中，天堂公司2012年向银行借入生产用资金支付的5.8万元借款利息可据实扣除。

（3）根据《企业所得税法实施条例》第38条的规定，非金融企业向非金融企业借款的利息支出，不超过按照金融企业同期同类贷款利率计算的数额的部分。据此，本案中天堂公司向非金融企业借款250万元的最高利息额度 =250 ×5.8% =14.5（万元），实际支付利息为20万元，因此可扣除的利息费用为14.5万元。

（4）企业从关联方接受的债权性投资与权益性投资的比例超过规定标准而发生的利息支出，不得在计算应纳税所得额时扣除。具体标准如下：金融企业为5∶1，其他企业为2∶1。本案中，天堂公司向关联方借款的利息最高扣除额 =480 ×2 ×5.8% =55.68（万元），实际支付利息为90万元，因此可扣除利息费用为55.68（万元）。

（5）企业向关联方，股东或其他与企业有关联关系的自然人以外的内部职工或其他人员借款的利息支出，其借款情况同时符合以下条件的，其利息支出在不超过按照金融企业同期同类贷款利率计算的数额的部分，准予扣除：一是企业与个人之间的借贷是真实、合法、有效的，并且不具有非法集资目的或其他违反法律、法规的行为；二是企业与个人之间签订了借款合同。本案中，天堂公司向本企业职工借入生产用资金60万元符合上述两点条件，可扣除利息费用最高数额 =60 ×5.8% ÷12 ×10 =2.9（万元），实际支付借款利息为3.5万元，可扣除利息费用为2.9万元。

综上，天堂公司税前可扣除的财务费用 =5 +5.8 +14.5 +55.68 +2.9 +40 =123.88（万元）。

【法条指引】

中华人民共和国企业所得税法

第四十六条 企业从其关联方接受的债权性投资与权益性投资的比例超过规定标准而发生的利息支出，不得在计算应纳税所得额时扣除。

企业所得税法实施条例

第三十七条 企业在生产经营活动中发生的合理的不需要资本化的借款费用，准予扣除。

企业为购置、建造固定资产、无形资产和经过12个月以上的建造才能达到预定可销售状态的存货发生借款的，在有关资产购置、建造期间发生的合理的借款费用，应当作为资本性支出计入有关资产的成本，并依照本条例的规定扣除。

第三十八条 企业在生产经营活动中发生的下列利息支出，准予扣除：

（一）非金融企业向金融企业借款的利息支出、金融企业的各项存款利息支出和同业拆借利息支出、企业经批准发行债券的利息支出；

（二）非金融企业向非金融企业借款的利息支出，不超过按照金融企业同期同类贷款利率计算的数额的部分。

财政部　国家税务总局关于企业关联方利息支出税前扣除标准有关税收政策问题的通知

一、在计算应纳税所得额时，企业实际支付给关联方的利息支出，不超过以下规定比例和税法及其实施条例有关规定计算的部分，准予扣除，超过的部分不得在发生当期和以后年度扣除。

企业实际支付给关联方的利息支出，除符合本通知第二条规定外，其接受关联方债权性投资与其权益性投资比例为：

（一）金融企业，为5：1；

（二）其他企业，为2：1。

……

▶ 5. 租赁费扣除标准是什么?

【宣讲要点】

企业租入固定资产的方式包括经营租赁和融资租赁两种。经营性租赁是指所有权不转移的租赁;融资租赁是指在实质上转移与一项资产所有权有关的全部风险和报酬的一种租赁。租入固定资产支付的租赁费,按照以下方法扣除:(1)以经营租赁方式租入固定资产发生的租赁费支出,按照租赁期限均匀扣除;(2)以融资租赁方式租入固定资产发生的租赁费支出,按照规定构成融资租入固定资产价值的部分应当提取折旧费用,分期扣除;租赁费支出不得扣除。

【典型案例】

中天公司2012年3月1日,以经营租赁方式租入固定资产使用,租期1年,按独立纳税人交易原则支付租金1.2万元;6月1日以融资租赁方式租入机器设备一台,租期2年,当年支付租金1.5万元。中天公司当年计算应纳税所得额时应扣除的租赁费用是多少?

【专家评析】

本案涉及租赁费的扣除标准,以不同租赁方式租入固定资产,租赁费的扣除标准不同。根据《企业所得税法实施条例》第47条的规定,以经营租赁方式租入固定资产发生的租赁费支出,按租赁期限均匀扣除;以融资租赁方式租入固定资产发生的租赁费支出,不作为费用支出扣除,对租入固定资产提取折旧费用,分期扣除。可见,可以作为租赁费用扣除的仅在以经营租赁方式租入固定资产的情况下。

本案中,中天公司2012年3月1日以经营租赁方式租入固定资产,支付租金1.2万元,租期为1年,即租期跨度为2012年3月1日至2013年2月28日,因此2012年租赁期限共10个月,可扣除的租赁费 = 12000 ÷ 12 ×

10 = 10000（元）。

6月1日以融资租赁方式租入机器设备一台，按年折旧率，扣除折旧费3000元。

【法条指引】

企业所得税法实施条例

第四十七条 企业根据生产经营活动的需要租入固定资产支付的租赁费，按照以下方法扣除：

（一）以经营租赁方式租入固定资产发生的租赁费支出，按照租赁期限均匀扣除；

（二）以融资租赁方式租入固定资产发生的租赁费支出，按照规定构成融资租入固定资产价值的部分应当提取折旧费用，分期扣除。

▶ 6. 手续费和佣金的扣除标准是多少？

【宣讲要点】

手续费，是指因他人代为办理有关事项而支付的相应报酬。佣金，是指企业在销售业务发生时支付给中间人的报酬，中间人必须是有权从事中介服务的单位或个人，但不包括本企业的职工。手续费及佣金实质上是企业支付的符合一定条件的劳务报酬，在商业活动中普遍存在。

企业发生与生产经营有关的手续费及佣金支出，不超过以下规定计算限额以内的部分，准予扣除；超过部分，不得扣除。

（1）保险企业：财产保险企业按当年全部保费收入扣除退保金等后余额的15%（含本数，下同）计算限额；人身保险企业按当年全部保费收入扣除退保金等后余额的10%计算限额。

（2）其他企业：按与具有合法经营资格中介服务机构或个人（不含交易双方及其雇员、代理人和代表人等）所签订服务协议或合同确认的收入金额的5%计算限额。

企业应当与具有合法经营资格中介服务企业或个人签订代办协议或合同，并按国家有关规定支付手续费及佣金。除委托个人代理外，企业以现金等非转账方式支付的手续费及佣金不得在税前扣除。企业为发行权益性证券支付给有关证券承销机构的手续费及佣金不得在税前扣除。

企业不得将手续费及佣金支出计入回扣、业务提成、返利、进场费等费用。企业已计入固定资产、无形资产等相关资产的手续费及佣金支出，应当通过折旧、摊销等方式分期扣除，不得在发生当期直接扣除。企业支付的手续费及佣金不得直接冲减服务协议或合同金额，并如实入账。企业应当如实向当地主管税务机关提供当年手续费及佣金计算分配表和其他相关资料，并依法取得合法真实凭证。

从事代理服务、主营业务收入为手续费、佣金的企业（如证券、期货、保险代理等企业），其为取得该类收入而实际发生的营业成本（包括手续费及佣金支出），准予在税前据实扣除。

电信企业在发展客户、拓展业务等过程中（如委托销售电话入网卡、电话充值卡等），须向经纪人、代办商支付手续费及佣金的，其实际发生的相关手续费及佣金支出，不超过企业当年收入总额5%的部分，准予在企业所得税前据实扣除。

【典型案例】

龙飞贸易公司与浩天中介服务机构签订《服装委托代理销售合同》，合同中约定销售总金额为500万元，龙飞贸易公司支付销售佣金30万元（占合同金额的6%），佣金通过银行转账支付，并将支付佣金如实入账。龙飞贸易公司可在税前扣除的佣金是多少？

【专家评析】

本案例涉及的是佣金的扣除标准问题。佣金是企业在销售业务发生时支付给中间人的报酬，本质上是符合一定条件的劳务报酬。但企业支付的佣金并非都能在税前予以扣除，根据财政部、国家税务总局发布的《关于企业手续费及佣金支出税前扣除政策的通知》一，企业发生与生产经营有关的手续费及佣金支出，不超过法定限额的部分，准予扣除。结合本案的情况，龙飞贸易公司不属于保险企业，因此其扣除限额适用第二项关于“其他企业”的规定，即“按与具有合法经营资格中介服务机构或个人（不含交易双方及其雇员、代理人和代表人等）所签订服务协议或合同确认的收入金额的5%计算限额”。

本案中，销售合同中约定销售金额为500万元，可扣除佣金最高限额=500万元×5%=25万元，实际支付佣金30万元，因此可在税前扣除的佣金是25万元。同时，龙飞贸易公司是与有合法经营资格中介服务企业签订的服务协议，佣金支付方式系转账支付，所支付佣金已如实入账，故符合财政部、国家税务总局发布的《关于企业手续费及佣金支出税前扣除政策的通知》中规定的佣金扣除政策，可以在税前扣除法定限额佣金即25万元。

【法条指引】

财政部、国家税务总局关于企业手续费及佣金支出税前扣除政策的通知

一、企业发生与生产经营有关的手续费及佣金支出，不超过以下规定计算限额以内的部分，准予扣除；超过部分，不得扣除。

1. 保险企业：财产保险企业按当年全部保费收入扣除退保金等后余额的15%（含本数，下同）计算限额；人身保险企业按当年全部保费收入扣除退保金等后余额的10%计算限额。

2. 其他企业：按与具有合法经营资格中介服务机构或个人（不含交易双方及其雇员、代理人和代表人等）所签订服务协议或合同确认的收入金额的5%计算限额。

二、企业应与具有合法经营资格中介服务企业或个人签订代办协议或合同，并按国家有关规定支付手续费及佣金。除委托个人代理外，企业以现金等非转账方式支付的手续费及佣金不得在税前扣除。企业为发行权益性证券支付给有关证券承销机构的手续费及佣金不得在税前扣除。

三、企业不得将手续费及佣金支出计入回扣、业务提成、返利、进场费等费用。

……

五、企业支付的手续费及佣金不得直接冲减服务协议或合同金额，并如实入账。

……

▶ 7. 业务招待费、广告费和业务宣传费的扣除标准是多少？

【宣讲要点】

（1）业务招待费扣除标准。业务招待费是由商业招待和个人消费混合而成的，其中个人消费的部分属于非经营性支出，不应该税前扣除。因此，就需要对业务招待费进行一定的比例限制。但商业招待和个人消费之间通常是难以划分的，国际上的处理办法一般是在两者之间人为地规定一个划分比例。借鉴国际做法，结合现行按销售收入比例限制扣除的经验，《企业所得税法实施条例》第 43 条规定，企业发生的与生产经营活动有关的业务招待费支出，按照发生额的 60% 扣除，但最高不得超过当年销售（营业）收入的 5‰。当年销售（营业）收入包括销售货物收入、劳务收入、出租财产收入、转让无形资产使用权收入、视同销售收入等。

（2）广告费和业务宣传费扣除标准。广告费具有一次性投入大、受益期长的特点，因而应该视同资本化支出，不能在发生当期一次性扣除。业务宣传费与广告费性质相似，也应一并进行限制。《企业所得税法实施条例》对广告费和业务宣传费的扣除是合并在一起考虑的，规定企业每一纳税年度发生的符合条件的广告费和业务宣传费，除国务院财政、税务主管部门另有规定外，不超过当年销售（营业）收入 15% 的部分，准予扣除；超过部分，准予在以后纳税年度结转扣除。

企业申报扣除的广告费支出应与赞助支出严格区分。企业申报扣除的广告费支出，必须符合下列条件：一是广告是通过经工商部门批准的专门机构制作的；二是已实际支付费用，并已取得相应发票；三是通过一定的媒体传播。

对化妆品制造、医药制造和饮料制造（不含酒类制造，下同）企业发生的广告费和业务宣传费支出，不超过当年销售（营业）收入30%的部分，准予扣除；超过部分，准予在以后纳税年度结转扣除。烟草企业的烟草广告费和业务宣传费支出，一律不得在计算应纳税所得额时扣除。

【典型案例】

江苏省某市天堂公司2012年全年销售收入1600万元，房屋出租收入200万元，提供加工劳务收入100万元，变卖固定资产收入50万元，视同销售收入100万元。当年发生业务招待费用50万元，广告费和宣传费用支出200万元。假定不存在其他纳税调整事项，该公司2012年度可扣除的业务招待费、广告费和宣传费分别为多少？

【专家评析】

本案主要讨论的是业务招待费、广告费和宣传费的扣除标准问题。

（1）可扣除的业务招待费。根据《企业所得税法实施条例》第43条规定，企业发生的与生产经营活动有关的业务招待费支出，按照发生额的60%扣除，但最高不得超过当年销售（营业）收入的5‰。可见，业务招待费采用双重扣除标准，本案中实际发生业务招待费50万元，发生额的60%为30万元。根据“宣讲要点”中关于销售收入的规定，该公司营业收入＝1600＋200＋100＋100＝2000（万元）（注：变卖固定资产取得的收入属于营业外收入，故不计入销售收入中），营业收入的5‰为10万元，因此，天堂公司2012年可扣除的业务招待费为10万元。

（2）可扣除的广告费和宣传费。根据《企业所得税法实施条例》第44条的规定，企业发生的符合条件的广告费和业务宣传费支出，除国务院财政、税务主管部门另有规定外，不超过当年销售（营业）收入15%的部分，准予扣除；超过部分，准予在以后纳税年度结转扣除。本案中，根据上述计算可知天堂公司的营业收入为2000万元，可扣除的广告费和宣传费的最高数额 $=2000\times15\%=300$（万元），实际发生额为200万元小于最高限额，故2012年支出的广告费和宣传费200万元可以在当年全部予以扣除。

【法条指引】

企业所得税法实施条例

第二十五条 企业发生非货币性资产交换，以及将货物、财产、劳务用于捐赠、偿债、赞助、集资、广告、样品、职工福利或者利润分配等用途的，应当视同销售货物、转让财产或者提供劳务，但国务院财政、税务主管部门另有规定的除外。

第四十三条 企业发生的与生产经营活动有关的业务招待费支出，按照发生额的60%扣除，但最高不得超过当年销售（营业）收入的5‰。

第四十四条 企业发生的符合条件的广告费和业务宣传费支出，除国务院财政、税务主管部门另有规定外，不超过当年销售（营业）收入15%的部分，准予扣除；超过部分，准予在以后纳税年度结转扣除。

国家税务总局关于企业所得税执行中若干税务处理问题的通知

一、关于销售（营业）收入基数的确定问题

企业在计算业务招待费、广告费和业务宣传费等费用扣除限额时，其销售（营业）收入额应包括《实施条例》第二十五条规定的视同销售（营业）收入额。

……

▶ 8. 公益性捐赠支出的扣除标准是多少？

【宣讲要点】

允许公益性捐赠支出按一定比例在税前扣除，主要是为了鼓励企业支持社会公益事业，促进我国社会公益事业的发展。企业所得税法第9条规定，企业发生的公益性捐赠支出，在年度利润总额12%以内的部分，准予在计算应纳税所得额时扣除。年度利润总额，是指企业依照国家统一会计制度的规定计算的年度会计利润。

《企业所得税法实施条例》第51条将“公益性捐赠”界定为：企业通过公益性社会团体或者县级以上人民政府及其部门，用于《中华人民共和国公益事业捐赠法》规定的公益事业的捐赠。可见，企业只有通过公益性社会团体或县级以上人民政府或部门作出公益性捐赠，其支出才可能在税前予以扣除。

《企业所得税法实施条例》第52条对公益性社会团体做出进一步解释，其是指同时符合下列条件的基金会、慈善组织等社会团体：(1) 依法登记，具有法人资格；(2) 以发展公益事业为宗旨，且不以营利为目的；(3) 全部资产及其增值为该法人所有；(4) 收益和营运结余主要用于符合该法人设立目的的事业；(5) 终止后的剩余财产不归属任何个人或者营利组织；(6) 不经营与其设立目的无关的业务；(7) 有健全的财务会计制度；(8) 捐赠者不以任何形式参与社会团体财产的分配；(9) 国务院财政、税务主管部门会同国务院民政部门等登记管理部门规定的其他条件。

公益事业的捐赠支出主要范围包括：(1) 救助灾害、救济贫困、扶助残疾人等困难的社会群体和个人的活动；(2) 教育、科学、文化、卫生、体育事业；(3) 环境保护、社会公共设施建设；(4) 促进社会发展和进步的其他社会公共和福利事业。

企事业单位、社会团体以及其他组织捐赠住房作为廉租住房的视同公益性捐赠。

【典型案例】

海天企业2013年度预计可以实现会计利润（假设等于应纳税所得额）1000万元，企业所得税税率为25%。该企业为提高其产品知名度和竞争力，树立良好的社会形象，决定向有关单位捐赠200万元。海天企业自身提出两种方案：第一种方案，进行非公益性捐赠或不通过我国境内非营利性社会团体、国家机关做公益性捐赠；第二种方案，通过我国境内非营利性社会团体、国家机关进行公益性捐赠，并且在当年全部捐赠。请对上述两套方案进行评析，并提出纳税筹划方案。

【专家评析】

纳税筹划的目的是在符合法律规定的条件下，利用税收优惠政策，最大限度地减少企业应纳税额。本案主要涉及公益性捐赠支出的扣除问题，需要根据企业所得税法的相关规定，设计最优的纳税筹划方案，即能够最大限度地将捐赠支出予以扣除的方案。

（1）评析案例中两种方案。根据企业所得税法第9条规定，企业发生的公益性捐赠支出，在年度利润总额12%以内的部分准予在税前扣除。同时，该公益性捐赠应是通过公益性社会团体或者县级以上人民政府及其部门，用于《中华人民共和国公益事业捐赠法》规定的公益事业的捐赠。因此，第一种方案的捐赠不符合企业所得税法规定的公益性捐赠条件，捐赠额不能在税前扣除。第二种方案，捐赠额在法定扣除限额内的部分可以据实扣除，超过部分不能扣除，法定扣除限额 = 1000 × 12% = 120（万元），实际发生200万元，故可以据实扣除的数额为120万元。

故第一种方案，企业2012年度应当缴纳企业所得税为1000 × 25% = 250（万元）。方案二，企业2012年度应当缴纳的企业所得税为（1000 - 120）× 25% = 220（万元）。因此，相比之下，第二种方案更优。

（2）纳税筹划方案。虽然第二种方案较第一种方案能使企业在税前扣除捐赠支出，但由于一次进行的捐赠支出超出法定限额，因此，不能够将捐赠支出全部扣除，故还不是最优的纳税筹划方案。为了最大限度地将捐赠支出予以扣除，企业可以将该捐赠分两次进行，2012年年底一次捐赠100万元，2013年度再捐赠100万元。这样，该200万元的捐赠支出可以在计算应纳税所得额时予以全部扣除。该纳税筹划方案比上述方案二少缴企业所得税为（200 - 120）× 25% = 20（万元）。

【法条指引】

中华人民共和国企业所得税法

第九条 企业发生的公益性捐赠支出，在年度利润总额12%以内的部分，准予在计算应纳税所得额时扣除。

企业所得税法实施条例

第五十一条 企业所得税法第九条所称公益性捐赠，是指企业通过公益性社会团体或者县级以上人民政府及其部门，用于《中华人民共和国公益事业捐赠法》规定的公益事业的捐赠。

第五十三条 企业发生的公益性捐赠支出，不超过年度利润总额12%的部分，准予扣除。

年度利润总额，是指企业依照国家统一会计制度的规定计算的年度会计利润。

▶ 9. 亏损可用下一年度所得弥补吗，如何弥补？

【宣讲要点】

亏损，是指企业依照企业所得税法及其实施条例的规定，将每一纳税年度的收入总额减除不征税收入、免税收入和各项扣除后小于零的数额。企业所得税法规定，企业某一纳税年度发生的亏损可以用下一年度的所得弥补，下一年度的所得不足以弥补的，可以逐年延续弥补，但最长不得超过5年。而且，企业在汇总计算缴纳企业所得税时，其境外营业机构的亏损不得抵减境内营业机构的盈利。

需要注意的是，企业筹办期间不计算为亏损年度，企业自开始生产经营的年度，为开始计算企业损益的年度。企业从事生产经营之前进行筹办活动期间发生筹办费用支出，不得计算为当期的亏损，企业可以在开始经营之日的当年一次性扣除，也可以按照税法有关长期待摊费用的处理规定办理，但一经选定，不得改变。

税务机关对企业以前年度纳税情况进行检查时调增的应纳税所得额，凡企业以前年度发生亏损且该亏损属于企业所得税法规定允许弥补的，应允许调增的应纳税所得额弥补该亏损。弥补该亏损后仍有余额的，按照企业所得税法规定计算缴纳企业所得税。对检查调增的应纳税所得额应根据其情节，依照税收征收管理法有关规定进行处理或处罚。

对企业发现以前年度实际发生的、按照税收规定应在企业所得税前扣除而未扣除或者少扣除的支出，企业作出专项申报及说明后，准予追补至该项目发生年度计算扣除，但追补确认期限不得超过5年。企业由于上述原因多缴的企业所得税税款，可以在追补确认年度企业所得税应纳税款中抵扣，不足抵扣的，可以向以后年度递延抵扣或申请退税。亏损企业追补确认以前年度未在企业所得税前扣除的支出，或盈利企业经过追补确认后出现亏损的，应首先调整该项支出所属年度的亏损额，然后再按照弥补亏损的原则计算以后年度多缴的企业所得税款，并按前款规定处理。

【典型案例】

白云公司2007年度应纳税所得额为40万元，在此之前没有需要弥补的亏损，2008年度亏损40万元，2009年度亏损30万元，2010年度亏损20万元，2011年度应纳税所得额为10万元（尚未弥补以前年度亏损，下同），2012年度应纳税所得额为20万元，2013年度应纳税所得额为30万元。白云公司在2007年到2013年期间每年应当缴纳的企业所得税是多少？如何进行纳税筹划可减少企业应纳税额？

【专家评析】

（1）各年度企业所得税计算。本案中白云公司从2007年到2013年期间，2008年、2009年及2010年为亏损，因此在计算企业所得税时涉及亏损弥补的问题。

白云公司2007年的应纳税所得额为40万元，由于以前年度没有需要弥补的亏损，同时，修订后的企业所得税法自2008年1月1日起实施，因此2007年度计算应纳税额时适用的是修订前税率，即33%，2007年应纳税额为40×33%=13.2（万元）。2008年至2010年度亏损，不需要缴纳企业所得税，根据税法关于弥补亏损的规则，2008年度的亏损可以用2009年度的所得弥补，2009年度所得不足弥补的，可以逐年延续弥补，直至2013年度。以此类推，2009年、2010年的亏损弥补，分别为最长可延续到2014年、2015年。2011年度应纳税所得额为10万元，首先弥补2008年度40万元亏损后没有余额，故也不需要缴纳企业所得税。2012年度应纳税所得额为20万元，用于弥补2008年还未弥补的30万元亏损后没有余额，不需要缴纳企业所得税。2013年应纳税所得额为30万元，此时，前五年尚有60万元亏损没有弥补。因此，2013年度应纳税所得额用于弥补以前年度亏损后没有余额，不需要缴纳企业所得税。

综上，白云公司仅在2007年缴纳13.2万元企业所得税，其余年度不需缴纳企业所得税。

（2）纳税筹划设计。根据上述信息可知白云公司的特征是先盈利后亏损，但根据税法规定，企业可以用以后年度盈利弥补以前年度亏损，但不能用以前年度的盈利弥补以后年度亏损，因此这种状况导致白云公司不能充分利用企业所得税法的亏损弥补规则减少自身税负。企业能否盈利在很大程度上都是可以预测的，因此，如果企业已经预测到某些年度会发生无法避免的亏损，那么，就尽量将盈利放在亏损年度以后。本案中，白云公司可以在2007年度多开支40万元的投资，也就是将2008年度的部分开支提前进行，而将某些收入放在2007年度来实现。这样，该企业2007年度的应纳税所得额就变为零。2008年由于减少了开支，增加了收入，总额为40万元，2008年度的亏损变为零。以后年度的生产经营状况不变。该公司在2009年到2012年同样不需要缴纳企业所得税，2013年度弥补亏损以后剩余10万元应纳税所得额，需要缴纳的企业所得税为10×25%=2.5（万元）。通过纳税筹划，该企业减少应纳税额为13.2-2.5=10.7（万元）。

【法条指引】

中华人民共和国企业所得税法

第十八条　企业纳税年度发生的亏损，准予向以后年度结转，用以后年度的所得弥补，但结转年限最长不得超过五年。

企业所得税法实施条例

第十条　企业所得税法第五条所称亏损，是指企业依照企业所得税法和本条例的规定将每一纳税年度的收入总额减除不征税收入、免税收入和各项扣除后小于零的数额。

第三章
资产的税务处理

▶ 1. 对固定资产如何进行税务处理?

【宣讲要点】

固定资产，是指企业为生产产品、提供劳务、出租或者经营管理而持有的、使用时间超过12个月的非货币性资产，包括房屋、建筑物、机器、机械、运输工具以及其他与生产经营活动有关的设备、器具、工具等。

固定资产按照以下方法确定计税基础：（1）外购的固定资产，以购买价款和支付的相关税费以及直接归属于使该资产达到预定用途发生的其他支出为计税基础；（2）自行建造的固定资产，以竣工结算前发生的支出为计税基础；（3）融资租入的固定资产，以租赁合同约定的付款总额和承租人在签订租赁合同过程中发生的相关费用为计税基础，租赁合同未约定付款总额的，以该资产的公允价值和承租人在签订租赁合同过程中发生的相关费用为计税基础；（4）盘盈的固定资产，以同类固定资产的重置完全价值为计税基础；（5）通过捐赠、投资、非货币性资产交换、债务重组等方式取得的固定资产，以该资产的公允价值和支付的相关税费为计税基础；（6）改建的固定资产，除已足额提取折旧的固定资产的改建支出和租入固定资产的改建支出外，以改建过程中发生的改建支出增加计税基础。

根据企业所得税法的规定，在计算应纳税所得额时，企业按照规定计算的固定资产折旧，准予扣除。虽然会计上企业可以自主选择直线法、加倍折旧法等折旧方法，但在税法上，准予扣除的折旧是按照直线法计算的折旧。企业应当自固定资产投入使用月份的次月起计算折旧；停止使用的固定资产，应当自停止使用月份的次月起停止计算折旧。企业应当根据固定资产的性质和使用情况，合理确定固定资产的预计净残值。

固定资产的预计净残值一经确定，不得变更。除国务院财政、税务主管部门另有规定外，固定资产计算折旧的最低年限如下：（1）房屋、建筑物，为20年；（2）飞机、火车、轮船、机器、机械和其他生产设备，为10年；（3）与生产经营活动有关的器具、工具、家具等，为5年；（4）飞机、火车、轮船以外的运输工具，为4年；（5）电子设备，为3年。

从事开采石油、天然气等矿产资源的企业，在开始商业性生产前发生的费用和有关固定资产的折耗、折旧方法，由国务院财政、税务主管部门另行规定。

下列固定资产不得计算折旧扣除：（1）房屋、建筑物以外未投入使用的固定资产；（2）以经营租赁方式租入的固定资产；（3）以融资租赁方式租出的固定资产；（4）已足额提取折旧仍继续使用的固定资产；（5）与经营活动无关的固定资产；（6）单独估价作为固定资产入账的土地；（7）其他不得计算折旧扣除的固定资产。

【典型案例】

国泰公司于2011年2月购入一台生产设备，取得的增值税发票注明价款100万元，发生运费3万元，发生安装费用7万元，当月投入使用。假定该企业生产设备采用15年折旧年限，预计净残值率为10%。该企业在2010年度所得税税前扣除的该设备的折旧额是多少？

【专家评析】

本案主要涉及固定资产的税务处理。根据企业所得税法第11条第1款的规定，在计算应纳税所得额时，企业按照规定计算的固定资产折旧，准予扣除。此处的“按照规定计算”，主要是指《企业所得税法实施条例》

第59条的规定，根据该条款，固定资产按照直线法计算的折旧，准予扣除。同时，开始计算折旧的时间为固定资产投入使用月份的次月，并自停止使用月份的次月起停止计算折旧。企业应当根据固定资产的性质和使用情况，合理确定固定资产的预计净残值。固定资产的预计净残值一经确定，不得变更。另外，企业所得税法第11条第2款还对不得计算折旧扣除的情形作出规定，具体可参见“宣讲要点”中的内容。

根据企业所得税法和《企业所得税法实施条例》相关规定，结合本案信息，由于我国自2009年起实行消费性增值税，设备及运费的进项税可以抵扣。因此，该设备计入固定资产账面原值的数额 = 100 + 3 ×（1 − 7%）+ 7 = 109.79（万元）。

该设备系2011年2月购入，因此计提折旧时间从3月1日起计算，故2011年计提折旧期间为3月1日至12月31日共10个月。

该设备可提折旧额 = 109.79 ×（1 − 10%）= 98.811（万元），月折旧额 = 98.811 ÷（15 × 12）= 0.549（万元）。

该设备2011年可提的折旧额 = 0.549 × 10 = 5.49（万元）。

【法条指引】

中华人民共和国企业所得税法

第十一条 在计算应纳税所得额时，企业按照规定计算的固定资产折旧，准予扣除。

下列固定资产不得计算折旧扣除：

（一）房屋、建筑物以外未投入使用的固定资产；

（二）以经营租赁方式租入的固定资产；

（三）以融资租赁方式租出的固定资产；

（四）已足额提取折旧仍继续使用的固定资产；

（五）与经营活动无关的固定资产；

（六）单独估价作为固定资产入账的土地；

（七）其他不得计算折旧扣除的固定资产。

企业所得税法实施条例

第五十八条　固定资产按照以下方法确定计税基础：

（一）外购的固定资产，以购买价款和支付的相关税费以及直接归属于使该资产达到预定用途发生的其他支出为计税基础；

……

第五十九条　固定资产按照直线法计算的折旧，准予扣除。

企业应当自固定资产投入使用月份的次月起计算折旧；停止使用的固定资产，应当自停止使用月份的次月起停止计算折旧。

企业应当根据固定资产的性质和使用情况，合理确定固定资产的预计净残值。固定资产的预计净残值一经确定，不得变更。

▶ 2. 生产性生物资产如何进行税务处理？

【宣讲要点】

生物资产，是指有生命的动物和植物。生物资产可分为消耗性生物资产、公益性生物资产和生产性生物资产。消耗性生物资产，是指为出售而持有的或在将来收获为农产品的生物资产，如生长中的农作物、用材林及待售的牲畜；公益性生物资产，是指以防护、环境保护为主要目的的生物资产，如防风固沙林；生产性生物资产，是指为产出农产品、提供劳务或出租等目的而持有的生物资产，如经济林、薪炭林、产畜和役畜等。

企业所得税法主要对生产性生物资产的税务处理作出规定，生产性生物资产按照以下方法确定计税基础：（1）外购的生产性生物资产，以购买价款和支付的相关税费为计税基础；（2）通过捐赠、投资、非货币性资产交换、债务重组等方式取得的生产性生物资产，以该资产的公允价值和支付的相关税费为计税基础。

生产性生物资产按照直线法计算的折旧，准予扣除。企业应当自生产性生物资产投入使用月份的次月起计算折旧；停止使用的生产性生物资产，应当自停止使用月份的次月起停止计算折旧。企业应当根据生产性生物资产的性质和使用情况，合理确定生产性生物资产的预计净残值。生产性生物资产的预计净残值一经确定，不得变更。

生产性生物资产计算折旧的最低年限如下：（1）林木类生产性生物资产，为10年；（2）畜类生产性生物资产，为3年。

【典型案例】

某企业为从事牛奶生产加工的公司。2010年2月，该企业获赠一批奶牛用于产奶，取得的增值税发票注明价款100万元，发生运费3万元，当月投入使用。假定该批奶牛采用5年折旧年限，预计净残值率为5%。该企业在2010年度所得税税前扣除的该批奶牛的折旧额是多少？

【专家评析】

本案主要涉及生物资产的税务处理。生物资产，是指有生命的动物和植物。生物资产可分为消耗性生物资产、公益性生物资产和生产性生物资产。消耗性生物资产，是指为出售而持有的或在将来收获为农产品的生物资产，如生长中的农作物、用材林及待售的牲畜；公益性生物资产，是指以防护、环境保护为主要目的的生物资产，如防风固沙林；生产性生物资产，是指为产出农产品、提供劳务或出租等目的而持有的生物资产，如经济林、薪炭林、产畜和役畜等。根据以上定义，本案中企业购买奶牛是为了进行生产加工，因此属于生产性生物资产。

根据《企业所得税法实施条例》第62条的规定，外购的生产性生物资产，以购买价款和支付的相关税费为计税基础。该企业受赠奶牛的计税基础 $=100+3\times(1-7\%)=102.79$（万元）。

《企业所得税法实施条例》第63条规定，生产性生物资产按照直线法计算的折旧，准予扣除。企业应当自生产性生物资产投入使用月份的次月起计算折旧，该批奶牛自2010年2月起投入使用，故从2010年3月起计算折旧，2010年计算折旧的期间为2010年3月1日至2010年12月31日，共10个月。

该批奶牛可提的折旧额＝102.79×（1－5%）＝97.65（万元）。

该批奶牛的月折旧额＝97.65÷（5×12）＝1.63（万元）。

该批奶牛2010年可税前扣除的折旧额＝1.63×10＝16.3（万元）。

【法条指引】

企业所得税法实施条例

第六十二条　生产性生物资产按照以下方法确定计税基础：

（一）外购的生产性生物资产，以购买价款和支付的相关税费为计税基础；

（二）通过捐赠、投资、非货币性资产交换、债务重组等方式取得的生产性生物资产，以该资产的公允价值和支付的相关税费为计税基础。

前款所称生产性生物资产，是指企业为生产农产品、提供劳务或者出租等而持有的生物资产，包括经济林、薪炭林、产畜和役畜等。

第六十三条　生产性生物资产按照直线法计算的折旧，准予扣除。

企业应当自生产性生物资产投入使用月份的次月起计算折旧；停止使用的生产性生物资产，应当自停止使用月份的次月起停止计算折旧。

企业应当根据生产性生物资产的性质和使用情况，合理确定生产性生物资产的预计净残值。生产性生物资产的预计净残值一经确定，不得变更。

第六十四条　生产性生物资产计算折旧的最低年限如下：

（一）林木类生产性生物资产，为10年；

（二）畜类生产性生物资产，为3年。

▶ 3. 无形资产如何进行税务处理?

【宣讲要点】

无形资产，是指企业为生产产品、提供劳务、出租或者经营管理而持有的、没有实物形态的非货币性长期资产，包括专利权、商标权、著作权、土地使用权、非专利技术、商誉等。

无形资产按照以下方法确定计税基础：（1）外购的无形资产，以购买价款和支付的相关税费以及直接归属于使该资产达到预定用途发生的其他支出为计税基础；（2）自行开发的无形资产，以开发过程中该资产符合资本化条件后至达到预定用途前发生的支出为计税基础；（3）通过捐赠、投资、非货币性资产交换、债务重组等方式取得的无形资产，以该资产的公允价值和支付的相关税费为计税基础。

在计算应纳税所得额时，企业按照规定计算的无形资产摊销费用，准予扣除。具体规定主要包括：（1）无形资产按照直线法计算的摊销费用；（2）无形资产自可供使用的当月起开始摊销；（3）无形资产的摊销年限不得低于10年，作为投资或者受让的无形资产，有关法律规定或者合同约定了使用年限的，可以按照规定或者约定的使用年限分期摊销；（4）外购商誉的支出，在企业整体转让或者清算时，准予扣除。

下列无形资产不得计算摊销费用扣除：（1）自行开发的支出已在计算应纳税所得额时扣除的无形资产；（2）自创商誉；（3）与经营活动无关的无形资产；（4）其他不得计算摊销费用扣除的无形资产。

【典型案例】

A公司2011年2月购入一项专利技术用于扩大生产，购买价款300万元，另外支付相关税费1万元和有关专业服务费用5万元，当月投入使用，预计净残值为零，预计使用年限为10年。A公司2011年可在企业所得税税前扣除的该项专利的摊销额是多少？

【专家评析】

本案涉及的是无形资产摊销的税务处理。本案中的无形资产——专利技术系外购取得，不涉及不能计提摊销的情形。根据《企业所得税法实施条例》第66条第1款，外购的无形资产，以购买价款和支付的相关税费以及直接归属于使该资产达到预定用途发生的其他支出为计税基础。故该专

利技术的计税基础 =300 +1 +5 =306（万元）。

无形资产的摊销采取直线法计算，自可供使用的当月起开始摊销。本案中，A公司2011年2月购入该项专利技术，并在当月投入使用，因此2011年计算摊销的期间为2011年2月至2011年12月，共11个月。由于预计净残值为零，故可摊销的数额为306万元，该专利技术的月摊销额 =306÷（10×12）=2.55（万元）。A公司2011年可在企业所得税税前扣除的该项专利的摊销额 =2.55×11 =28.05（万元）。

【法条指引】

中华人民共和国企业所得税法

第十二条 在计算应纳税所得额时，企业按照规定计算的无形资产摊销费用，准予扣除。

下列无形资产不得计算摊销费用扣除：

（一）自行开发的支出已在计算应纳税所得额时扣除的无形资产；

（二）自创商誉；

（三）与经营活动无关的无形资产；

（四）其他不得计算摊销费用扣除的无形资产。

企业所得税法实施条例

第六十五条 企业所得税法第十二条所称无形资产，是指企业为生产产品、提供劳务、出租或者经营管理而持有的、没有实物形态的非货币性长期资产，包括专利权、商标权、著作权、土地使用权、非专利技术、商誉等。

第六十六条 无形资产按照以下方法确定计税基础：

（一）外购的无形资产，以购买价款和支付的相关税费以及直接归属于使该资产达到预定用途发生的其他支出为计税基础；

（二）自行开发的无形资产，以开发过程中该资产符合资本化条件后至达到预定用途前发生的支出为计税基础；

（三）通过捐赠、投资、非货币性资产交换、债务重组等方式取得的无形资产，以该资产的公允价值和支付的相关税费为计税基础。

第六十七条 无形资产按照直线法计算的摊销费用，准予扣除。

无形资产的摊销年限不得低于10年。

作为投资或者受让的无形资产，有关法律规定或者合同约定了使用年限的，可以按照规定或者约定的使用年限分期摊销。

外购商誉的支出，在企业整体转让或者清算时，准予扣除。

▶ 4. 长期待摊费用如何进行税务处理？

【宣讲要点】

长期待摊费用，是指企业发生的应在1个年度以上进行摊销的费用。在计算应纳税所得额时，企业发生的下列支出作为长期待摊费用，按照规定摊销的，准予扣除：（1）已足额提取折旧的固定资产的改建支出；（2）租入固定资产的改建支出；（3）固定资产的大修理支出；（4）其他应当作为长期待摊费用的支出。

其中，固定资产的改建支出，是指改变房屋或者建筑物结构、延长使用年限等发生的支出。已足额提取折旧的固定资产的改建支出，按照固定资产预计尚可使用年限分期摊销；租入固定资产的改建支出，按照合同约定的剩余租赁期限分期摊销。改建的固定资产延长使用年限的，除已足额提取折旧的固定资产、租入固定资产的改建支出外，应当适当延长折旧年限。

固定资产的大修理支出，是指同时符合下列条件的支出：（1）修理支出达到取得固定资产时的计税基础50%以上；（2）修理后固定资产的使用年限延长2年以上。

大修理支出，按照固定资产尚可使用年限分期摊销。其他应当作为长期待摊费用的支出，自支出发生月份的次月起，分期摊销，摊销年限不得低于3年。

【典型案例】

草木公司2009年10月起对一条生产线进行大修，12月完工，该生产线原价及计税基础均为8000万元，发生修理费用4100万元，其中，购买大修理用的零件等取得增值税专用发票上注明的货款为1800万元，增值税进项税为306万元，运费为100万元，更换一台设备价值为1000万元，发生人工费用等其他费用为894万元。修理后固定资产的使用寿命延长3年，假定当年实现利润6000万元，该生产线原折旧年限为10年，已计提折旧8年。不考虑其他纳税调整事项，该企业对发生的修理费用应当如何进行摊销？并提出纳税筹划方案。

【专家评析】

（1）大修理支出的摊销。本案主要涉及对固定资产的修理摊销费用，要确定修理费用的摊销规则，首先需要确定涉及的修理费用的性质。根据该公司的修理方案，修理支出占固定资产计税基础比例为4100÷8000=51.25%，超过50%；修理后固定资产使用寿命延长3年，在两年以上，因此该笔支出符合《企业所得税法实施条例》第69条规定的“大修理支出”条件，根据企业所得税法第13条，该笔修理费用属于“长期待摊费用”。

根据《企业所得税法实施条例》第69条第2款的规定，大修理支出按固定资产尚可使用年限分期摊销。本案中，生产线折旧年限为10年，大修理后使用寿命延长3年，故折旧年限可达13年，同时已计提折旧8年，故尚可使用年限为5年。又因为该生产线的修理2009年12月完工，故当年摊销期限为1个月，当年税前可摊销4100÷5÷12=68（万元）。则当年应纳企业所得税（6000－68）×25%=1483（万元）。

（2）纳税筹划。如果上述设备不在此次更换，而在2009年度更换且不影响生产经营，则其结果为：修理支出降为4100－1000=3100（万元），修理支出占固定资产计税基础的比例为3100÷8000=38.75%，不符合税法规定的大修理条件，该修理支出中的零件及运费等的进项税额306+100

×7% =313（万元）可以抵扣。

本案中，固定资产大修理转为日常修理，可直接获得如下税收利益：(1) 增值税进项税额313万元，可在当期抵扣，从而少缴增值税及其附加税费，使得当期税后收益增加；(2) 该项修理支出3100－313＝2787（万元)，可在当期税前扣除，直接影响当期应缴的企业所得税2787×25%＝696.75（万元)，与上述增值税及其附加一起获得的税后利润，构成了政府给企业提供的一笔无息贷款。

【法条指引】

中华人民共和国企业所得税法

第十三条　在计算应纳税所得额时，企业发生的下列支出作为长期待摊费用，按照规定摊销的，准予扣除：

（一）已足额提取折旧的固定资产的改建支出；

（二）租入固定资产的改建支出；

（三）固定资产的大修理支出；

（四）其他应当作为长期待摊费用的支出。

企业所得税法实施条例

第六十九条　企业所得税法第十三条第（三）项所称固定资产的大修理支出，是指同时符合下列条件的支出：

（一）修理支出达到取得固定资产时的计税基础50%以上；

（二）修理后固定资产的使用年限延长2年以上。

企业所得税法第十三条第（三）项规定的支出，按照固定资产尚可使用年限分期摊销。

增值税暂行条例

第八条　纳税人购进货物或者接受应税劳务（以下简称购进货物或者应税劳务）支付或者负担的增值税额，为进项税额。

下列进项税额准予从销项税额中抵扣：

（一）从销售方取得的增值税专用发票上注明的增值税额。

（二）从海关取得的海关进口增值税专用缴款书上注明的增值税额。

（三）购进农产品，除取得增值税专用发票或者海关进口增值税专用缴款书外，按照农产品收购发票或者销售发票上注明的农产品买价和13%的扣除率计算的进项税额。进项税额计算公式：

进项税额 = 买价 × 扣除率

（四）购进或者销售货物以及在生产经营过程中支付运输费用的，按照运输费用结算单据上注明的运输费用金额和7%的扣除率计算的进项税额。进项税额计算公式：

进项税额 = 运输费用金额 × 扣除率

准予抵扣的项目和扣除率的调整，由国务院决定。

▶ 5. 存货如何进行税务处理?

【宣讲要点】

存货，是指企业持有以备出售的产品或者商品、处在生产过程中的在产品、在生产或者提供劳务过程中耗用的材料和物料等。企业使用或者销售存货，按照规定计算的存货成本，准予在计算应纳税所得额时扣除。

存货按照以下方法确定成本：（1）通过支付现金方式取得的存货，以购买价款和支付的相关税费为成本；（2）通过支付现金以外的方式取得的存货，以该存货的公允价值和支付的相关税费为成本；（3）生产性生物资产收获的农产品，以产出或者采收过程中发生的材料费、人工费和分摊的间接费用等必要支出为成本。

企业使用或者销售的存货的成本计算方法，可以在先进先出法、加权平均法、个别计价法中选用一种。计价方法一经选用，不得随意变更。

【典型案例】

某粮食销售企业2010年收购一批粮食，获取的增值税发票上注明价款

100万元，税款13万元，发生运费3万元。2011年因为粮食市场价格下降较大，按规定计提跌价准备20万元。2012年卖出该批粮食，卖出价格90万元。该批粮食在卖出时该如何进行所得税税前扣除？

【专家评析】

本案主要涉及存货的税务处理。企业所得税法第15条规定，企业使用或者销售存货，按照规定计算的存货成本，准予在计算应纳税所得额时扣除。根据《企业所得税法实施条例》第72条的规定，存货是指企业持有以备出售的产品或者商品、处在生产过程中的在产品、在生产或者提供劳务过程中耗用的材料和物料等。因此本案中某粮食销售企业收购的粮食便是该企业的存货。确定粮食的税前扣除数额在于确定粮食成本及其计算方法，本案中粮食通过支付现金取得，因此成本为购买价格和支付的相关税费，即100+3×（1-7%）=102.79（万元）（注：增值税为价外税，不计入存货成本）。存货跌价准备20万元属于税法不认可的支出。另外，根据企业所得税法第16条的规定，企业转让资产，该项资产的净值，准予在计算应纳税所得额时扣除。此处的净值，指有关资产、财产的计税基础减除已经按照规定扣除的折旧、折耗、摊销、准备金等后的余额。本案中，不存在折旧、折耗、摊销、准备金等金额，因此卖出粮食时的净值仍为购入时成本。

综上，该笔粮食在卖出时可扣除的所得税税前扣除额为102.79万元。

【法条指引】

中华人民共和国企业所得税法

第十五条　企业使用或者销售存货，按照规定计算的存货成本，准予在计算应纳税所得额时扣除。

第十六条　企业转让资产，该项资产的净值，准予在计算应纳税所得额时扣除。

企业所得税法实施条例

第七十二条 企业所得税法第十五条所称存货，是指企业持有以备出售的产品或者商品、处在生产过程中的在产品、在生产或者提供劳务过程中耗用的材料和物料等。

存货按照以下方法确定成本：

（一）通过支付现金方式取得的存货，以购买价款和支付的相关税费为成本；

（二）通过支付现金以外的方式取得的存货，以该存货的公允价值和支付的相关税费为成本；

（三）生产性生物资产收获的农产品，以产出或者采收过程中发生的材料费、人工费和分摊的间接费用等必要支出为成本。

第七十三条 企业使用或者销售的存货的成本计算方法，可以在先进先出法、加权平均法、个别计价法中选用一种。计价方法一经选用，不得随意变更。

第七十四条 企业所得税法第十六条所称资产的净值和第十九条所称财产净值，是指有关资产、财产的计税基础减除已经按照规定扣除的折旧、折耗、摊销、准备金等后的余额。

第四章
企业重组的企业所得税处理

▶ 1. 企业重组的一般性税务应如何处理？

【宣讲要点】

企业重组，是指企业在日常经营活动以外发生的法律结构或经济结构重大改变的交易，包括企业法律形式改变、债务重组、股权收购、资产收购、合并、分立等。除符合《财政部　国家税务总局关于企业重组业务企业所得税处理若干问题的通知》规定适用特殊性税务处理规定的外，按以下规定进行税务处理：

（1）企业法律形式改变：

第一，企业由法人转变为个人独资企业、合伙企业等非法人组织，或将登记注册地转移至中华人民共和国境外（包括港澳台地区），应视同企业进行清算、分配，股东重新投资成立新企业。企业的全部资产以及股东投资的计税基础均应以公允价值为基础确定。

第二，企业发生其他法律形式简单改变的，可直接变更税务登记，除另有规定外，有关企业所得税纳税事项（包括亏损结转、税收优惠等权益和义务）由变更后企业承继，但因住所发生变化而不符合税收优惠条件的除外。

（2）企业债务重组，相关交易应按以下规定处理：

第一，以非货币资产清偿债务，应当分解为转让相关非货币性资产、按非货币性资产公允价值清偿债务两项业务，确认相关资产的所得或损失。

第二，发生债权转股权的，应当分解为债务清偿和股权投资两项业务，确认有关债务清偿所得或损失。

第三，债务人应当按照支付的债务清偿额低于债务计税基础的差额，确认债务重组所得；债权人应当按照收到的债务清偿额低于债权计税基础的差额，确认债务重组损失。

（3）企业股权收购、资产收购重组交易：

第一，被收购方应确认股权、资产转让所得或损失。

第二，收购方取得股权或资产的计税基础应以公允价值为基础确定。

第三，被收购企业的相关所得税事项，原则上保持不变。

（4）企业合并：

第一，合并企业应按公允价值确定接受被合并企业各项资产和负债的计税基础。

第二，被合并企业及其股东都应按清算进行所得税处理。

第三，被合并企业的亏损不得在合并企业结转弥补。

（5）企业分立：

第一，被分立企业对分立出去资产应按公允价值确认资产转让所得或损失。

第二，分立企业应按公允价值确认接受资产的计税基础。

第三，被分立企业继续存在时，其股东取得的对价应视同被分立企业分配进行处理。

第四，被分立企业不再继续存在时，被分立企业及其股东都应按清算进行所得税处理。

第五，企业分立相关企业的亏损不得相互结转弥补。

【典型案例】

蓝鹰公司与汉方公司达成债务重组协议，蓝鹰公司以一批库存商品抵偿所欠汉方公司一年前发生的债务180.8万元，该批库存商品的账面成本为130万元，市场不含税销售价为140万元。蓝鹰公司在该项重组业务下应纳税额是多少？

【专家评析】

本案主要涉及以非货币资产清偿债务的债务重组税务处理。根据《财政部、国家税务总局关于企业重组业务企业所得税处理若干问题的通知》(以下简称《通知》) 第1条规定，债务重组属于企业重组的形式之一。同时该《通知》第3条规定，企业重组的税务处理区分不同条件分别适用一般性税务处理规定和特殊性税务处理规定。当企业重组不符合特殊性税务处理条件时适用一般性税务处理规定。

企业重组同时符合下列条件的，适用特殊性税务处理规定：(1) 具有合理的商业目的，且不以减少、免除或者推迟缴纳税款为主要目的；(2) 被收购、合并或分立部分的资产或股权比例符合本通知规定的比例；(3) 企业重组后的连续12个月内不改变重组资产原来的实质性经营活动；(4) 重组交易对价中涉及股权支付金额符合本通知规定比例；(5) 企业重组中取得股权支付的原主要股东，在重组后连续12个月内，不得转让所取得的股权。可见特殊性税务处理与股权支付比例有关，本案中蓝鹰公司是以库存商品抵偿所欠债务，不涉及股权支付，因此不满足特殊性税务处理的条件，应适用一般性税务处理规定。

《通知》第4条第2项规定，以非货币资产清偿债务，应当分解为转让相关非货币性资产、按非货币性资产公允价值清偿债务两项业务，确认相关资产的所得或损失。因此本案中，计算蓝鹰公司债务重组的应纳税额可按照以下步骤进行：

第一，将用于抵偿的库存商品视同销售。蓝鹰公司所得税收入为140万元，成本为130万元，蓝鹰公司视同销售所得 $=140-130=10$（万元）

第二，按库存商品的公允价值清偿债务，则债务重组所得或损失为 $180.8-140-140\times17\%=17$（万元）

第三，该项重组业务应纳企业所得税 $=(10+17)\times25\%=6.75$（万元）

【法条指引】

财政部 国家税务总局关于企业重组业务企业所得税处理若干问题的通知

一、本通知所称企业重组，是指企业在日常经营活动以外发生的法律结构或经济结构重大改变的交易，包括企业法律形式改变、债务重组、股权收购、资产收购、合并、分立等。

……

三、企业重组的税务处理区分不同条件分别适用一般性税务处理规定和特殊性税务处理规定。

四、企业重组，除符合本通知规定适用特殊性税务处理规定的外，按以下规定进行税务处理：

……

（二）企业债务重组，相关交易应按以下规定处理：

1. 以非货币资产清偿债务，应当分解为转让相关非货币性资产、按非货币性资产公允价值清偿债务两项业务，确认相关资产的所得或损失。

……

五、企业重组同时符合下列条件的，适用特殊性税务处理规定：

（一）具有合理的商业目的，且不以减少、免除或者推迟缴纳税款为主要目的。

（二）被收购、合并或分立部分的资产或股权比例符合本通知规定的比例。

（三）企业重组后的连续12个月内不改变重组资产原来的实质性经营活动。

（四）重组交易对价中涉及股权支付金额符合本通知规定比例。

（五）企业重组中取得股权支付的原主要股东，在重组后连续12个月内，不得转让所取得的股权。

……

▶ 2. 企业重组的特殊性税务如何处理?

【宣讲要点】

企业重组同时符合下列条件的，适用特殊性税务处理规定：

第一，具有合理的商业目的，且不以减少、免除或者推迟缴纳税款为主要目的。

第二，被收购、合并或分立部分的资产或股权比例符合《通知》规定的比例。

第三，企业重组后的连续12个月内不改变重组资产原来的实质性经营活动。

第四，重组交易对价中涉及股权支付金额符合《通知》规定比例。

第五，企业重组中取得股权支付的原主要股东，在重组后连续12个月内，不得转让所取得的股权。

需要注意的是，当企业重组符合上述规定条件时，可进行特殊性税务处理的是交易各方对其交易中的股权支付部分。具体特殊性税务处理如下：

第一，企业债务重组：

(1) 企业债务重组确认的应纳税所得额占该企业当年应纳税所得额50%以上，可以在5个纳税年度的期间内，均匀计入各年度的应纳税所得额。

(2) 企业发生债权转股权业务，对债务清偿和股权投资两项业务暂不确认有关债务清偿所得或损失，股权投资的计税基础以原债权的计税基础确定。企业的其他相关所得税事项保持不变。

第二，股权收购，收购企业购买的股权不低于被收购企业全部股权的75%，且收购企业在该股权收购发生时的股权支付金额不低于其交易支付总额的85%，可以选择按以下规定处理：

(1) 被收购企业的股东取得收购企业股权的计税基础，以被收购股权的原有计税基础确定。

（2）收购企业取得被收购企业股权的计税基础，以被收购股权的原有计税基础确定。

（3）收购企业、被收购企业的原有各项资产和负债的计税基础和其他相关所得税事项保持不变。

第三，资产收购，受让企业收购的资产不低于转让企业全部资产的75%，且受让企业在该资产收购发生时的股权支付金额不低于其交易支付总额的85%，可以选择按以下规定处理：

（1）转让企业取得受让企业股权的计税基础，以被转让资产的原有计税基础确定。

（2）受让企业取得转让企业资产的计税基础，以被转让资产的原有计税基础确定。

第四，企业合并，企业股东在该企业合并发生时取得的股权支付金额不低于其交易支付总额的85%，以及同一控制下且不需要支付对价的企业合并，可以选择按以下规定处理：

（1）合并企业接受被合并企业资产和负债的计税基础，以被合并企业的原有计税基础确定。

（2）被合并企业合并前的相关所得税事项由合并企业承继。

（3）可由合并企业弥补的被合并企业亏损的限额＝被合并企业净资产公允价值×截至合并业务发生当年年末国家发行的最长期限的国债利率。

（4）被合并企业股东取得合并企业股权的计税基础，以其原持有的被合并企业股权的计税基础确定。

第五，企业分立，被分立企业所有股东按原持股比例取得分立企业的股权，分立企业和被分立企业均不改变原来的实质经营活动，且被分立企业股东在该企业分立发生时取得的股权支付金额不低于其交易支付总额的85%，可以选择按以下规定处理：

（1）分立企业接受被分立企业资产和负债的计税基础，以被分立企业的原有计税基础确定。

（2）被分立企业已分立出去资产相应的所得税事项由分立企业承继。

（3）被分立企业未超过法定弥补期限的亏损额可按分立资产占全部资产的比例进行分配，由分立企业继续弥补。

（4）被分立企业的股东取得分立企业的股权（以下简称“新股”），如需部分或全部放弃原持有的被分立企业的股权（以下简称“旧股”），“新股”的计税基础应以放弃“旧股”的计税基础确定。如不需放弃“旧股”，则其取得“新股”的计税基础可从以下两种方法中选择确定：直接将“新股”的计税基础确定为零；或者以被分立企业分立出去的净资产占被分立企业全部净资产的比例先调减原持有的“旧股”的计税基础，再将调减的计税基础平均分配到“新股”上。

第六，重组交易各方按上述第一至第五项规定对交易中股权支付暂不确认有关资产的转让所得或损失的，其非股权支付仍应在交易当期确认相应的资产转让所得或损失，并调整相应资产的计税基础。

非股权支付对应的资产转让所得或损失 =（被转让资产的公允价值 - 被转让资产的计税基础）×（非股权支付金额 ÷ 被转让资产的公允价值）

【典型案例】

天通公司为摩托车生产企业，2012 年发生如下业务：

第一项，合并一家小型股份公司，股份公司全部资产公允价值为 5700 万元、全部负债为 3200 万元、未超过弥补年限的亏损额为 620 万元。合并时天通公司给股份公司的股权支付额为 2300 万元、银行存款 200 万元。该合并业务符合企业重组特殊税务处理的条件且选择此方法执行。假定当年国家发行的最长期限的国债年利率为 6%。天通公司对此业务的处理为：企业所得税 =（应纳税所得额 - 620）×25% = 570.19（万元）。

第二项，天通公司欠清风公司 1000 万元债务，两公司准备签署一项债务重组协议：天通公司用计税基础为 800 万元、公允价值为 1000 万元的不动产抵偿清风公司债务。

第三项，天通公司准备用 4000 万元现金收购水凝公司 80% 股权。水凝公司 80% 股权的计税基础为 2000 万元。

第四项，天通公司准备用 2000 万元现金收购山海公司 80% 资产，这些资产包括计税基础为500万元、公允价值为750万元的不动产及计税基础为1125万元、公允价值为1250万元的无形资产。

天通公司对第一项业务的处理是否正确？第二项至第四项业务交易双方如何纳税及如何进行纳税筹划？

【专家评析】

本案例主要涉及企业重组的特殊性税务处理。

第一项业务为企业合并的税务处理，由案例信息可知该笔业务符合特殊性税务处理条件。按照《通知》第6条第4项的规定，可由合并企业弥补的被合并企业亏损的限额＝被合并企业净资产公允价值×截至合并业务发生当年年末国家发行的最长期限的国债利率。具体到本案，可由天通公司弥补的被合并股份公司亏损限额＝（5700－3200）×6%＝150（万元），因此天通公司在计算企业所得税时将被合并公司全部亏损额都作为扣除项目是不正确的，能够扣除的仅为150万元的亏损额。

第二项业务为债务重组的税务处理：（1）税务处理。由于天通公司是用不动产抵偿债务，不符合特殊性税务处理的条件，按照一般税务处理规定，天通公司需要缴纳营业税及附加1000×5.5%＝55（万元），需要缴纳企业所得税（1000－800－55）×25%＝36.25（万元）。清风公司需要缴纳契税1000×3%＝30（万元）。两公司合计纳税55＋36.25＋30＝121.25（万元）。

（2）纳税筹划。如果清风公司将其债权转化为股权并且遵守特殊债务重组的其他条件，则天通公司和清风公司不需要缴纳任何税款，即使将来清风公司再将该股权转让给天通公司或其他企业，也只需缴纳企业所得税，不需要缴纳营业税和契税（因为印花税数额较小，对于节税方案不产生影响，本方案不予考虑）。

第三项业务涉及股权收购税务处理：（1）税务处理。由于案例中，天通公司是用现金收购对方股权，不符合特殊性税务处理的条件，按照一般税务处理规定，水凝公司应确认股权转让所得或损失。本案中水凝公司股权转让所得为4000－2000＝2000（万元）。如果水凝公司的股东是企业，应当缴纳企业所得税2000×25% =500（万元）。

（2）纳税筹划。如果天通公司采取免税股权收购的方式取得水凝公司的股权，可以向水凝公司的股东支付本公司公允价值为3500万元的股权和500万元现金，此时股权支付额占交易总额的比例为3500÷4000×100% =87.5%，大于85%，满足股权收购的特殊性税务处理，股权支付部分可以免税。水凝公司的股东取得500万元非股权支付额，应当缴纳企业所得税：500×25% =125（万元）。节税额500－125 =375（万元）。水凝公司可以在未来再将股权转让给其他企业，这样可以取得延期纳税的利益。

第四项业务涉及资产收购税务处理：（1）税务处理。由于天通公司采用现金收购对方资产，因此按一般税务处理规定，企业所得税的税务处理方式与上述股权收购处理类似。但由于涉及不动产和无形资产，山海公司还需缴纳营业税及其附加。本案中，山海公司应当缴纳营业税及其附加（750＋1250）×5.5% =110（万元）。山海公司应确认不动产转让所得750－500 =250（万元），无形资产转让所得1250－1125 =125（万元）。山海公司应当缴纳企业所得税（250＋125－110）×25% =66.25（万元）。山海公司合计纳税110＋66.25 =176.25（万元）。

（2）纳税筹划。如果天通公司用自己的股权来收购山海公司的资产，则山海公司不需要缴纳任何税款。即使将来山海公司再将该股权转让给天通公司或者其他企业，也只需要缴纳企业所得税，不需要缴纳营业税及其附加。

【法条指引】

财政部　国家税务总局关于企业重组业务企业所得税处理若干问题的通知

四、企业重组，除符合本通知规定适用特殊性税务处理规定的外，按以下规定进行税务处理：

……

（二）企业债务重组，相关交易应按以下规定处理：

1. 以非货币资产清偿债务，应当分解为转让相关非货币性资产、按非货币性资产公允价值清偿债务两项业务，确认相关资产的所得或损失。

……

（三）企业股权收购、资产收购重组交易，相关交易应按以下规定处理：

1. 被收购方应确认股权、资产转让所得或损失。

2. 收购方取得股权或资产的计税基础应以公允价值为基础确定。

3. 被收购企业的相关所得税事项原则上保持不变。

……

五、企业重组同时符合下列条件的，适用特殊性税务处理规定：

（一）具有合理的商业目的，且不以减少、免除或者推迟缴纳税款为主要目的。

（二）被收购、合并或分立部分的资产或股权比例符合本通知规定的比例。

（三）企业重组后的连续12个月内不改变重组资产原来的实质性经营活动。

（四）重组交易对价中涉及股权支付金额符合本通知规定比例。

（五）企业重组中取得股权支付的原主要股东，在重组后连续12个月内，不得转让所取得的股权。

六、企业重组符合本通知第五条规定条件的，交易各方对其交易中的股权支付部分，可以按以下规定进行特殊性税务处理：

（一）企业债务重组确认的应纳税所得额占该企业当年应纳税所得额50%以上，可以在5个纳税年度的期间内，均匀计入各年度的应纳税所得额。

企业发生债权转股权业务，对债务清偿和股权投资两项业务暂不确认有关债务清偿所得或损失，股权投资的计税基础以原债权的计税基础确定。企业的其他相关所得税事项保持不变。

（二）股权收购，收购企业购买的股权不低于被收购企业全部股权的75%，且收购企业在该股权收购发生时的股权支付金额不低于其交易支付总额的85%，可以选择按以下规定处理：

1. 被收购企业的股东取得收购企业股权的计税基础，以被收购股权的原有计税基础确定。

2. 收购企业取得被收购企业股权的计税基础，以被收购股权的原有计税基础确定。

3. 收购企业、被收购企业的原有各项资产和负债的计税基础和其他相关所得税事项保持不变。

（三）资产收购，受让企业收购的资产不低于转让企业全部资产的75%，且受让企业在该资产收购发生时的股权支付金额不低于其交易支付总额的85%，可以选择按以下规定处理：

1. 转让企业取得受让企业股权的计税基础，以被转让资产的原有计税基础确定。

2. 受让企业取得转让企业资产的计税基础，以被转让资产的原有计税基础确定。

（四）企业合并，企业股东在该企业合并发生时取得的股权支付金额不低于其交易支付总额的85%，以及同一控制下且不需要支付对价的企业合并，可以选择按以下规定处理：

1. 合并企业接受被合并企业资产和负债的计税基础，以被合并企业的原有计税基础确定。

2. 被合并企业合并前的相关所得税事项由合并企业承继。

3. 可由合并企业弥补的被合并企业亏损的限额 = 被合并企业净资产公允价值 × 截至合并业务发生当年年末国家发行的最长期限的国债利率。

4. 被合并企业股东取得合并企业股权的计税基础，以其原持有的被合并企业股权的计税基础确定。

……

第五章
企业所得税的税收优惠

▶ 1. 什么是税收优惠与减免？

【宣讲要点】

企业的免税收优惠，是指国家对某一部分特定企业和课税对象给予减轻或免除税收负担的一种措施。税法规定的企业所得税的税收优惠方式包括免税、减税、加计扣除、加速折旧、减计收入、税额抵免等。

上述税收优惠方式可以归纳为税额式、税基式、税率式三种类型。税额式税收优惠，是指依法计算出应纳税额后，对应纳税款进行减免。税基式优惠，是指通过不计、少计收入或加计扣除项目减少应纳税所得额，从而减轻或免除纳税人税收负担。税率式优惠，是指通过规定低于法定税率的适用税率减轻纳税人税收负担。

我国法律对于减免税有着严格的规定。所谓减税权，是指决定对某些纳税人的应征税款减掉一部分的权力，其主体是国家最高权力机关以及其授权的国家行政机关，征税机关也可以依法享有一定的减税权。税收征收管理法第 3 条规定："税收的开征、停征以及减税、免税、退税、补税，依照法律的规定执行；法律授权国务院规定的，依照国务院制定的行政法规的规定执行。任何机关、单位和个人不得违反法律、行政法规的规定，擅自作出税收开征、停征以及减税、免税、退税、补税和其他同税收法律、行政法规相抵触的决定。”税权，是由宪法和法律赋予的，由政府开征、停征税收以及减税、免税、退税、补税和管理税收事务的权力的总称。因此，减税权是税权的一种，并且需要依法行使，这是税收法定主义的体现。

【典型案例】

河南省洛阳市百年置业有限公司为一家建材公司。2006 年 4 月，瀍河区国税局管理人员在日常巡视管理中发现，该公司在百年家具建材城建设中发生预收房款情况，此收入应视同销售依法计征企业所得税。通过查看该公司的发票、账簿等有关凭证资料，瀍河区国税局发现该公司年应税收入 1000 万元，而该公司只自行申报缴纳所得税 10 万元。瀍河区国税局认定该公司还应补缴企业所得税 240 万元。

但是，洛阳市百年置业有限公司认为在开发洛阳市百年家具建材城的过程中，当地政府给予了该公司税收优惠政策，不应该缴纳企业所得税。该公司提供了洛阳市瀍河区政府《关于洛阳百年家具城建设过程中有关优惠政策的批复》。文件中，洛阳市瀍河区政府答应减免该企业的所得税。批复第 2 条规定：“开发企业自营及入驻的大型企业、商户免征一年除增值税外的其他税收，第二年除增值税外的其他税收减半征收。”第 3 条规定：“开发企业及入驻的大型企业享受省豫发〔2005〕18 号文件所得税免二减三的优惠政策。”

对此，瀍河区国税局认为，作为内资企业的百年置业有限公司，因其所从事的经营属“房地产开发业”，并不具有享受所得税减免优惠政策的条件；百年置业有限公司也不是生产性企业，同时不具备外商投资企业条件，不适用“两免三减”的税收优惠政策。因此，瀍河区政府《关于洛阳百年家具城建设过程中有关优惠政策的批复》是无效的，税务部门不能依照《批复》的规定给予企业减免税优惠，洛阳市百年置业有限公司必须依法补缴税款。

【专家评析】

本案涉及的主要是税收优惠与减免的问题，该问题是我们研究企业所得税法过程中需要了解的一个极其重要的问题。

我国企业所得税目前统一的法定税率为25%，实行的是全额累进税率。对于特殊企业，由企业所得税法明确规定其优惠税率，比如国家扶持鼓励的高新企业适用15%，小型微利企业适用20%，非居民企业适用20%。

除了税收优惠税率，我国法律对于减免税也有着严格的规定。税收征收管理法第3条规定："税收的开征、停征以及减税、免税、退税、补税，依照法律的规定执行；法律授权国务院规定的，依照国务院制定的行政法规的规定执行。任何机关、单位和个人不得违反法律、行政法规的规定，擅自作出税收开征、停征以及减税、免税、退税、补税和其他同税收法律、行政法规相抵触的决定。"同时，第84条对违法减免的法律责任作了明确的规定："违反法律、行政法规的规定，擅自作出税收的开征、停征或者减税、免税、退税、补税以及其他同税收法律、行政法规相抵触的决定的，除依照本法规定撤销其擅自作出的决定外，补征应征未征税款，退还不应征收而征收的税款，并由上级机关追究直接负责的主管人员和其他直接责任人员的行政责任；构成犯罪的，依法追究刑事责任。"另外，《税收征收管理法实施细则》第3条规定："任何部门、单位和个人作出的与税收法律、行政法规相抵触的决定一律无效，税务机关不得执行，并应当向上级税务机关报告。纳税人应当依照税收法律、行政法规的规定履行纳税义务；其签订的合同、协议等与税收法律、行政法规相抵触的，一律无效。"

本案中洛阳市瀍河区政府下发的文件显然违背国家有关税收法规，其擅自作出的减免决定是没有法律效力的，税务部门无须执行，对于洛阳百年置业有限公司应当依法予以征税。本案中洛阳市瀍河区国税局发现洛阳市瀍河区政府下发的文件中有违背国家有关税收法规的内容后，及时向上级机关进行了反映，并建议瀍河区政府进行纠正。同时，瀍河区国税局税收工作人员多次深入洛阳市百年置业有限公司，宣传税收政策和有关文件规定，并以书面形式对企业提出的问题一一解答。目前，该企业所欠的240万元税款已全部缴纳入库。由此我们可以看到，税收的优惠减免必须通过国家法律明确规定，任何部门不得肆意减免企业所得税，这也是税收法定主义的具体体现。

同时需要补充的是，以前我们持有的只有外资企业才享有税收的减免和优惠政策的看法是错误的，有必要对这种观念加以纠正。特别是在企业所得税法进行统一以后，我国在不少领域给予内资企业税收减免和优惠，现行企业所得税法第25条规定，国家对重点扶持和鼓励发展的产业和项目，给予企业所得税优惠。第28条规定，符合条件的小型微利企业，减按20%的税率征收企业所得税。国家需要重点扶持的高新技术企业，减按15%的税率征收企业所得税。第29条规定，民族自治地方的自治机关对本民族自治地方的企业应缴纳的企业所得税中属于地方分享的部分，可以决定减征或者免征。自治州、自治县决定减征或者免征的，须报省、自治区、直辖市人民政府批准。第35条规定，本法规定的税收优惠的具体办法，由国务院规定。第36条规定，根据国民经济和社会发展的需要，或者由于突发事件等原因对企业经营活动产生重大影响的，国务院可以制定企业所得税专项优惠政策，报全国人民代表大会常务委员会备案。

【法条指引】

中华人民共和国企业所得税法

第二十五条 国家对重点扶持和鼓励发展的产业和项目，给予企业所得税优惠。

第二十八条 符合条件的小型微利企业，减按20%的税率征收企业所得税。

国家需要重点扶持的高新技术企业，减按15%的税率征收企业所得税。

第二十九条 民族自治地方的自治机关对本民族自治地方的企业应缴纳的企业所得税中属于地方分享的部分，可以决定减征或者免征。自治州、自治县决定减征或者免征的，须报省、自治区、直辖市人民政府批准。

第三十五条 本法规定的税收优惠的具体办法，由国务院规定。

中华人民共和国税收征收管理法

第三条　税收的开征、停征以及减税、免税、退税、补税，依照法律的规定执行；法律授权国务院规定的，依照国务院制定的行政法规的规定执行。

任何机关、单位和个人不得违反法律、行政法规的规定，擅自作出税收开征、停征以及减税、免税、退税、补税和其他同税收法律、行政法规相抵触的决定。

第八十四条　违反法律、行政法规的规定，擅自作出税收的开征、停征或者减税、免税、退税、补税以及其他同税收法律、行政法规相抵触的决定的，除依照本法规定撤销其擅自作出的决定外，补征应征未征税款，退还不应征收而征收的税款，并由上级机关追究直接负责的主管人员和其他直接责任人员的行政责任；构成犯罪的，依法追究刑事责任。

税收征收管理法实施细则

第三条　任何部门、单位和个人作出的与税收法律、行政法规相抵触的决定一律无效，税务机关不得执行，并应当向上级税务机关报告。

纳税人应当依照税收法律、行政法规的规定履行纳税义务；其签订的合同、协议等与税收法律、行政法规相抵触的，一律无效。

▶ 2. 免征与减征优惠项目有哪些?

【宣讲要点】

第一，免征企业所得税项目。企业从事下列项目的所得，免征企业所得税：（1）蔬菜、谷物、薯类、油料、豆类、棉花、麻类、糖料、水果、坚果的种植；（2）农作物新品种的选育；（3）中药材的种植；（4）林木的培育和种植；（5）牲畜、家禽的饲养；（6）林产品的采集；（7）灌溉、农产品初加工、兽医、农技推广、农机作业和维修等农、林、牧、渔服务业项目；（8）远洋捕捞。

第二，减半征收企业所得税项目。企业从事下列项目的所得，减半征收企业所得税：（1）花卉、茶以及其他饮料作物和香料作物的种植；（2）海水养殖、内陆养殖。

企业从事国家限制和禁止发展的项目，不得享受上述规定的企业所得税优惠。

第三，定期减免税项目：（1）从事国家重点扶持的公共基础设施项目投资经营的所得。国家重点扶持的公共基础设施项目，是指《公共基础设施项目企业所得税优惠目录》规定的港口码头、机场、铁路、公路、城市公共交通、电力、水利等项目。

企业从事前款规定的国家重点扶持的公共基础设施项目的投资经营的所得，自项目取得第一笔生产经营收入所属纳税年度起，第 1 年至第 3 年免征企业所得税，第 4 年至第 6 年减半征收企业所得税。

企业承包经营、承包建设和内部自建自用本条规定的项目，不得享受本条规定的企业所得税优惠。

（2）从事符合条件的环境保护、节能节水项目的所得。符合条件的环境保护、节能节水项目，包括公共污水处理、公共垃圾处理、沼气综合开发利用、节能减排技术改造、海水淡化等。项目的具体条件和范围由国务院财政、税务主管部门商国务院有关部门制订，报国务院批准后公布施行。

企业从事前款规定的符合条件的环境保护、节能节水项目的所得，自项目取得第一笔生产经营收入所属纳税年度起，第 1 年至第 3 年免征企业所得税，第 4 年至第 6 年减半征收企业所得税。

依照上述两点规定享受减免税优惠的项目，在减免税期限内转让的，受让方自受让之日起，可以在剩余期限内享受规定的减免税优惠；减免税期限届满后转让的，受让方不得就该项目重复享受减免税优惠。

【典型案例】

蓝天公司 2010 年度取得如下收入：远洋捕捞收入 100 万元，海水养殖收入 30 万元，中药材种植收入 40 万元，水稻种植收入 60 万元，香料种植收入 70 万元。

另外，蓝天公司可以享受项目自取得第一笔生产经营收入的纳税年度起，第1年至第3年免征企业所得税，第4年至第6年减半征收企业所得税的优惠政策。该公司原计划于2009年11月开始生产经营，当年预计会有亏损，从2010年度至2015年度，每年预计应纳税所得额分别为100万元、500万元、800万元、1000万元、1500万元和2000万元。

蓝天公司对上述农产品收入该如何缴纳企业所得税？从2009年度至2015年度，该公司应当缴纳多少企业所得税并提出纳税筹划方案。

【专家评析】

（1）农产品收入企业所得税缴纳。本案中农产品收入部分主要涉及农、林、牧、渔业项目的所得税优惠问题。企业所得税法第27条规定，从事农、林、牧、渔业项目的所得可以免征、减征企业所得税。《企业所得税法实施条例》第86条对其中免征、减半征收的具体项目作出了规定（具体内容可参见“宣讲要点”内容）。具体到本案，蓝天公司远洋捕捞收入100万元、中药材种植收入40万元、水稻种植收入60万元免征所得税；海水养殖收入30万元、香料种植收入70万元减半征收所得税。

（2）享受税收优惠项目企业所得税缴纳及纳税筹划。本案涉及定期减免税收优惠，该企业从2009年度开始生产经营，应当计算享受税收优惠的期限。根据案例信息，蓝天公司2009年度至2011年度可以享受免税待遇，不需要缴纳企业所得税。从2012年度至2014年度可以享受减半征税的待遇，因此需要缴纳企业所得税（800+1000+1500）×25%×50%=412.5（万元）。2015年不享受税收优惠，需要缴纳企业所得税2000×25%=500（万元）。因此，该企业从2009年度至2015年度合计需要缴纳企业所得税412.5+500=912.5（万元）。

如果该企业将生产日期推迟到2010年1月1日，这样，2010年度就是该企业享受税收优惠的第1年，从2010年度至2012年度，该企业可以享受免税待遇，不需要缴纳企业所得税。从2013年度至2015年度，该企业可以享受减半征收企业所得税的优惠待遇，需要缴纳企业所得税（1000+1500+2000）×25%×50%=562.5（万元）。经过纳税筹划，减轻税收负担912.5－562.5＝350（万元）。

【法条指引】

中华人民共和国企业所得税法

第二十七条 企业的下列所得，可以免征、减征企业所得税：

（一）从事农、林、牧、渔业项目的所得；

（二）从事国家重点扶持的公共基础设施项目投资经营的所得；

（三）从事符合条件的环境保护、节能节水项目的所得；

（四）符合条件的技术转让所得；

（五）本法第三条第三款规定的所得。

企业所得税法实施条例

第八十六条 企业所得税法第二十七条第（一）项规定的企业从事农、林、牧、渔业项目的所得，可以免征、减征企业所得税，是指：

（一）企业从事下列项目的所得，免征企业所得税：

1. 蔬菜、谷物、薯类、油料、豆类、棉花、麻类、糖料、水果、坚果的种植；

2. 农作物新品种的选育；

3. 中药材的种植；

4. 林木的培育和种植；

5. 牲畜、家禽的饲养；

6. 林产品的采集；

7. 灌溉、农产品初加工、兽医、农技推广、农机作业和维修等农、林、牧、渔业服务业项目；

8. 远洋捕捞。

（二）企业从事下列项目的所得，减半征收企业所得税：

1. 花卉、茶以及其他饮料作物和香料作物的种植；

2. 海水养殖、内陆养殖。

企业从事国家限制和禁止发展的项目，不得享受本条规定的企业所得税优惠。

▶ 3. 技术转让所得如何享受减免税优惠?

【宣讲要点】

企业所得税法第 27 条第 4 项规定，符合条件的技术转让所得可以减征、免征企业所得税。其中享受减免企业所得税优惠的条件如下：（1）享受优惠的技术转让主体是企业所得税法规定的居民企业；（2）技术转让属于财政部、国家税务总局规定的范围；（3）境内技术转让经省级以上科技部门认定；（4）向境外转让技术经省级以上商务部门认定；（5）国务院税务主管部门规定的其他条件。

减免征的限度是：一个纳税年度内，居民企业技术转让所得不超过 500 万元的部分，免征企业所得税；超过 500 万元的部分，减半征收企业所得税。技术转让的范围，包括居民企业转让专利技术、计算机软件著作权、集成电路布图设计权、植物新品种、生物医药新品种，以及财政部和国家税务总局确定的其他技术。

符合条件的技术转让所得应按以下方法计算：技术转让所得 = 技术转让收入 - 技术转让成本 - 相关税费。

技术转让收入是指当事人履行技术转让合同后获得的价款，不包括销售或转让设备、仪器、零部件、原材料等非技术性收入。不属于与技术转让项目密不可分的技术咨询、技术服务、技术培训等收入，不得计入技术转让收入。

技术转让成本是指转让的无形资产的净值，即该无形资产的计税基础减除在资产使用期间按照规定计算的摊销扣除额后的余额。

相关税费是指技术转让过程中实际发生的有关税费，包括除企业所得税和允许抵扣的增值税以外的各项税金及其附加、合同签订费用、律师费等相关费用及其他支出。

享受技术转让所得减免企业所得税优惠的企业，应单独计算技术转让所得，并合理分摊企业的期间费用；没有单独计算的，不得享受技术转让所得企业所得税优惠。

【典型案例】

某市国税局稽查局对A居民企业2011—2012年度纳税情况进行检查。经检查发现，A企业于2011年度发生一项技术转让，取得转让收入800万元，其中转让成本为400万元。此外，因发生技术转让产生技术转让费为50万元并计入管理费用——技术转让费科目，A企业就此技术转让将技术转让合同（副本）、省级以上科技部门出具的技术合同登记证明、技术转让所得归集、分摊、计算的相关资料等向主管税务机关进行备案，于2011年度企业所得税汇算清缴时将技术转让所得400万元（800－400）作为免税收入申报。稽查局检查人员认为A企业如此处理不符合税法规定。

【专家评析】

本案涉及技术转让的税收优惠问题。

1. 企业发生的技术转让能否享受减免所得税税收优惠。根据《财政部 国家税务总局关于居民企业技术转让有关企业所得税政策问题的通知》的规定，技术转让的范围，包括居民企业转让专利技术、计算机软件著作权、集成电路布图设计权、植物新品种、生物医药新品种，以及财政部和国家税务总局确定的其他技术。

技术转让，是指居民企业转让其拥有符合上述规定技术的所有权或5年以上（含5年）全球独占许可使用权的行为。

显然，符合企业所得税优惠条件的技术转让包含两部分：一是转让技术的所有权；二是转让技术的使用权［仅指5年以上（含5年）全球独占许可使用权］，且仅限以上技术转让范围，如果不是指定范围的技术转让所得，并不能享受减免企业所得税优惠政策。

同时，《关于技术转让所得减免企业所得税有关问题的通知》（国税函〔2009〕212号）第1条具体规定了享受企业所得税税收减免的条件（其内容可参见“宣讲要点”相关内容）。结合本案信息，A企业作为居民企业满足享受技术转让税收优惠的主体条件，案件中发生的技术转让符合可享受税收优惠的技术转让条件。另外，《财政部　国家税务总局关于居民企业技术转让有关企业所得税政策问题的通知》规定了两种情况不得享受减免税优惠，一是居民企业取得禁止出口和限制出口技术转让所得，不享受技术转让减免企业所得税优惠政策；二是居民企业从直接或间接持有股权之和达到100%的关联方取得的技术转让所得，不享受技术转让减免企业所得税优惠政策。本案例的技术转让不属于不得享受减免税优惠的范围。

综上，A企业发生的技术转让可享受企业所得税税收优惠。

(2) 该企业的技术转让税务处理是否正确。根据《国家税务总局关于技术转让所得减免企业所得税有关问题的通知》第2条规定，技术转让所得＝技术转让收入－技术转让成本－相关税费。

该企业在会计上将技术转让费计入管理费用，根据上述《通知》规定，技术转让所发生的税费是在计算技术转让所得时允许扣除的金额。该案例中，A企业符合条件的技术转让收入为800万元，技术转让成本为400万元，发生技术转让费50万元，其技术转让所得为350万元（800－400－50）享受免税待遇，而不是400万元享受转让所得税免税待遇，不能将计入管理费用的50万元技术转让费进行税前扣除，减少应税项目所得。

【法条指引】

中华人民共和国企业所得税法

第二十七条　企业的下列所得，可以免征、减征企业所得税：

……

(四) 符合条件的技术转让所得；

……

企业所得税法实施条例

第九十条　企业所得税法第二十七条第（四）项所称符合条件的技术转让所得免征、减征企业所得税，是指一个纳税年度内，居民企业技术转让所得不超过500万元的部分，免征企业所得税；超过500万元的部分，减半征收企业所得税。

国家税务总局关于技术转让所得减免企业所得税有关问题的通知

一、根据企业所得税法第二十七条第（四）项规定，享受减免企业所得税优惠的技术转让应符合以下条件：

（一）享受优惠的技术转让主体是企业所得税法规定的居民企业；

（二）技术转让属于财政部、国家税务总局规定的范围；

（三）境内技术转让经省级以上科技部门认定；

（四）向境外转让技术经省级以上商务部门认定；

（五）国务院税务主管部门规定的其他条件。

二、符合条件的技术转让所得应按以下方法计算：

技术转让所得=技术转让收入-技术转让成本-相关税费

技术转让收入是指当事人履行技术转让合同后获得的价款，不包括销售或转让设备、仪器、零部件、原材料等非技术性收入。不属于与技术转让项目密不可分的技术咨询、技术服务、技术培训等收入，不得计入技术转让收入。

技术转让成本是指转让的无形资产的净值，即该无形资产的计税基础减除在资产使用期间按照规定计算的摊销扣除额后的余额。

相关税费是指技术转让过程中实际发生的有关税费，包括除企业所得税和允许抵扣的增值税以外的各项税金及其附加、合同签订费用、律师费等相关费用及其他支出。

……

财政部　国家税务总局关于居民企业技术转让有关企业所得税政策问题的通知

一、技术转让的范围，包括居民企业转让专利技术、计算机软件著作权、集成电路布图设计权、植物新品种、生物医药新品种，以及财政部和国家税务总局确定的其他技术。

其中：专利技术，是指法律授予独占权的发明、实用新型和非简单改变产品图案的外观设计。

二、本通知所称技术转让，是指居民企业转让其拥有符合本通知第一条规定技术的所有权或5年以上（含5年）全球独占许可使用权的行为。

三、……

居民企业技术出口应由有关部门按照商务部、科技部发布的《中国禁止出口限制出口技术目录》（商务部、科技部令2008年第12号）进行审查。居民企业取得禁止出口和限制出口技术转让所得，不享受技术转让减免企业所得税优惠政策。

四、居民企业从直接或间接持有股权之和达到100%的关联方取得的技术转让所得，不享受技术转让减免企业所得税优惠政策。

……

▶ 4. 小型微利企业享有哪些税收优惠？

【宣讲要点】

企业所得税法第28条第1款规定："符合条件的小型微利企业，减按20%的税率征收企业所得税。"其中，符合条件的小型微利企业，是指从事国家非限制和禁止行业，并符合下列条件的企业：

（1）工业企业，年度应纳税所得额不超过30万元，从业人数不超过100人，资产总额不超过3000万元。

（2）其他企业，年度应纳税所得额不超过30万元，从业人数不超过80人，资产总额不超过1000万元。

从业人数，是指与企业建立劳动关系的职工人数和企业接受的劳务派遣用工人数之和；从业人数和资产总额指标，按企业全年月平均值确定，具体计算公式如下：

月平均值 =（月初值 + 月末值）÷2

全年月平均值 = 全年各月平均值之和 ÷ 12

年度中间开业或者终止经营活动的，以其实际经营期作为一个纳税年度确定上述相关指标。

自2012年1月1日至2015年12月31日，对年应纳税所得额低于6万元（含6万元）的小型微利企业，其所得减按50%计入应纳税所得额，按20%的税率缴纳企业所得税。

【典型案例】

山石公司是一家石油化工企业，2010年年度应纳税所得额为28万元，企业从业人数为85人，资产总额为2800万元。玉山公司是一家商品零售企业，2010年年度应纳税所得额为20万元，企业从业人数为85人，资产总额为1500万元。假设山石公司和玉山公司都是居民企业，在征收企业所得税时应对山石公司和玉山公司适用何种税率？

【专家评析】

本案涉及的是小型微利企业的税收优惠的问题。小型微利企业需要满足以下条件：

该企业的全部生产经营活动产生的所得均负有我国企业所得税纳税义务。

企业年度纳税所得额不超过30万元。

从业人数上，工业企业不得超过100人，其他企业不超过80人。

资产总额上，工业企业不超过3000万元，其他企业不超过1000万元。

具体到本案，(1) 山石公司是石油化工企业，属于工业企业，从业人数为85人，少于100人，资产总额为2800万元，未超过3000万元；同时山石公司是居民企业，负有我国企业所得税纳税义务，故山石公司符合小型微利企业条件，适用20%的税率。(2) 玉山公司是零售企业，属于其他企业，其从业人数为85人，超过80人，因此不符合小型微利企业条件，适用25%税率。

【法条指引】

中华人民共和国企业所得税法

第二十八条　符合条件的小型微利企业，减按20%的税率征收企业所得税。

……

企业所得税法实施条例

第九十二条　企业所得税法第二十八条第一款所称符合条件的小型微利企业，是指从事国家非限制和禁止行业，并符合下列条件的企业：

（一）工业企业，年度应纳税所得额不超过30万元，从业人数不超过100人，资产总额不超过3000万元；

（二）其他企业，年度应纳税所得额不超过30万元，从业人数不超过80人，资产总额不超过1000万元。

财政部　国家税务总局关于执行企业所得税优惠政策若干问题的通知

……

七、实施条例第九十二条第（一）项和第（二）项所称从业人数，是指与企业建立劳动关系的职工人数和企业接受的劳务派遣用工人数之和；从业人数和资产总额指标，按企业全年月平均值确定，具体计算公式如下：

月平均值＝（月初值＋月末值）÷2

全年月平均值＝全年各月平均值之和÷12

年度中间开业或者终止经营活动的，以其实际经营期作为一个纳税年度确定上述相关指标。

……

财政部　国家税务总局关于小型微利企业所得税优惠政策有关问题的通知

各省、自治区、直辖市、计划单列市财政厅（局）、国家税务局、地方税务局，新疆生产建设兵团财务局：

为了进一步支持小型微利企业发展，经国务院批准，现就小型微利企业所得税政策通知如下：

一、自2014年1月1日至2016年12月31日，对年应纳税所得额低于10万元（含10万元）的小型微利企业，其所得减按50%计入应纳税所得额，按20%的税率缴纳企业所得税。

二、本通知所称小型微利企业，是指符合《中华人民共和国企业所得税法》及其实施条例以及相关税收政策规定的小型微利企业。

国家税务总局关于扩大小型微利企业减半征收企业所得税范围有关问题的公告

为落实国务院扶持小型微利企业发展的税收优惠政策，根据《中华人民共和国企业所得税法》及其实施条例、《财政部　国家税务总局关于小型微利企业所得税优惠政策有关问题的通知》（财税〔2014〕34号）规定，经商财政部同意，现就落实小型微利企业所得税优惠政策有关问题公告如下：

一、符合规定条件的小型微利企业（包括采取查账征收和核定征收方式的企业），均可按照规定享受小型微利企业所得税优惠政策。

小型微利企业所得税优惠政策，包括企业所得税减按20%征收（以下简称减低税率政策），以及财税〔2014〕34号文件规定的优惠政策（以下简称减半征税政策）。

二、符合规定条件的小型微利企业，在预缴和年度汇算清缴企业所得税时，可以按照规定自行享受小型微利企业所得税优惠政策，无需税务机关审核批准，但在报送年度企业所得税纳税申报表时，应同时将企业从业人员、资产总额情况报税务机关备案。

三、小型微利企业预缴企业所得税时，按以下规定执行：

（一）查账征收的小型微利企业，上一纳税年度符合小型微利企业条件，且年度应纳税所得额低于10万元（含10万元）的，本年度采取按实际利润额预缴企业所得税款，预缴时累计实际利润额不超过10

万元的，可以享受小型微利企业所得税优惠政策；超过10万元的，应停止享受其中的减半征税政策；本年度采取按上年度应纳税所得额的季度（或月份）平均额预缴企业所得税的，可以享受小型微利企业优惠政策。

（二）定率征税的小型微利企业，上一纳税年度符合小型微利企业条件，且年度应纳税所得额低于10万元（含10万元）的，本年度预缴企业所得税时，累计应纳税所得额不超过10万元的，可以享受优惠政策；超过10万元的，不享受其中的减半征税政策。

定额征税的小型微利企业，由当地主管税务机关相应调整定额后，按照原办法征收。

（三）本年度新办的小型微利企业，在预缴企业所得税时，凡累计实际利润额或应纳税所得额不超过10万元的，可以享受优惠政策；超过10万元的，应停止享受其中的减半征税政策。

四、小型微利企业符合享受优惠政策条件，但预缴时未享受的，在年度汇算清缴时统一计算享受。

小型微利企业在预缴时享受了优惠政策，但年度汇算清缴时超过规定标准的，应按规定补缴税款。

五、本公告所称的小型微利企业，是指符合《中华人民共和国企业所得税法实施条例》第九十二条规定的企业。其中，从业人员和资产总额，按照《财政部　国家税务总局关于执行企业所得税优惠政策若干问题的通知》（财税〔2009〕69号）第七条的规定执行。

六、小型微利企业2014年及以后年度申报纳税适用本公告，以前规定与本公告不一致的，按本公告规定执行。本公告发布之日起，财税〔2009〕69号文件第八条废止。

本公告实施后，未享受减半征税政策的小型微利企业多预缴的企业所得税，可以在以后季（月）度应预缴的税款中抵减。

▶ 5. 高新技术企业享有什么税收优惠?

【宣讲要点】

国家需要重点扶持的高新技术企业，减按15%的税率征收企业所得税。国家需要重点扶持的高新技术企业，是指拥有核心自主知识产权，并同时符合下列条件的企业：

(1) 在中国境内（不含港、澳、台地区）注册的企业，近3年内通过自主研发、受让、受赠、并购等方式，或通过5年以上的独占许可方式，对其主要产品（服务）的核心技术拥有自主知识产权。

(2) 产品（服务）属于《国家重点支持的高新技术领域》规定的范围。

(3) 具有大学专科以上学历的科技人员占企业当年职工总数的30%以上，其中研发人员占企业当年职工总数的10%以上。

(4) 企业为获得科学技术（不包括人文、社会科学）新知识，创造性运用科学技术新知识，或实质性改进技术、产品（服务）而持续进行了研究开发活动，且近3个会计年度的研究开发费用总额占销售收入总额的比例符合如下要求：①最近1年销售收入小于5000万元的企业，比例不低于6%；②最近1年销售收入在5000万元至20000万元的企业，比例不低于4%；③最近1年销售收入在20000万元以上的企业，比例不低于3%。

其中，企业在中国境内发生的研究开发费用总额占全部研究开发费用总额的比例不低于60%。企业注册成立时间不足3年的，按实际经营年限计算。

(5) 高新技术产品（服务）收入占企业当年总收入的60%以上。

(6) 企业研究开发组织管理水平、科技成果转化能力、自主知识产权数量、销售与总资产成长性等指标符合《高新技术企业认定管理工作指引》（另行制定）的要求。

由上述规定可见，享有税收优惠的高新技术企业首先应是居民企业；其次对主要产品和核心技术拥有自主知识产品，并且该产品属于法定范围；最后该企业的研发费用、高新技术产品收入、科技人员等的比例应达到规定比例。

【典型案例】

宇豪公司是一家从事高新技术研发的公司（属于《国家重点支持的高新技术领域》规定的范围），2011 年获得核心技术的一项专利。2009 年至 2012 年，该企业收入 1.4 亿元，用于研究开发新技术的费用 700 万元（研究开发费用全部发生在境内）。2012 年度实现收入 9000 万元。2013 年度企业收入 1 亿元，其中高新技术销售收入 8000 万元。企业现有职工 300 人，具有大学专科以上学历的科技人员 120 人，研发人员 40 人。2013 年在征收企业所得税时对宇豪公司应适用何种税率？

【专家评析】

本案涉及的是高新技术企业的税收优惠问题。企业所得税法第 28 条第 2 款规定："国家需要重点扶持的高新技术企业，减按 15% 的税率征收企业所得税。"其中"国家需要重点扶持的高新技术企业"，是指拥有核心自主知识产权，并同时符合下列条件的企业：（1）产品（服务）属于《国家重点支持的高新技术领域》规定的范围；（2）研究开发费用占销售收入的比例不低于规定比例；（3）高新技术产品（服务）收入占企业总收入的比例不低于规定比例；（4）科技人员占企业职工总数的比例不低于规定比例；（5）高新技术企业认定管理办法规定的其他条件。在《高新技术企业认定管理办法》中，将上述条件具体化，明确其中比例要求，具体内容可以参见"宣讲要点"中相关内容。

根据上述规定，本案中，宇豪公司 2012 年度实现收入 9000 万元，近 3 年（2009 年至 2012 年）投入研发的费用 700 万元，占这 3 年总收入的 5%，高于要求的比例 4%。研发费用全部发生在境内。2013 年企业收入 1 亿元，其中高新技术销售收入 8000 万元，占总收入的 80%，高于 60% 的比例要求。企业现有职工 300 人，具有大学专科以上学历的科技人员 120 人，研发人员 40 人，也符合高新技术企业相关职员人数比例要求。因此，宇豪公司属于高新技术企业，应适用15%的优惠税率。

【法条指引】

中华人民共和国企业所得税法

第二十八条 符合条件的小型微利企业，减按20%的税率征收企业所得税。

国家需要重点扶持的高新技术企业，减按15%的税率征收企业所得税。

企业所得税法实施条例

第九十三条 企业所得税法第二十八条第二款所称国家需要重点扶持的高新技术企业，是指拥有核心自主知识产权，并同时符合下列条件的企业：

（一）产品（服务）属于《国家重点支持的高新技术领域》规定的范围；

（二）研究开发费用占销售收入的比例不低于规定比例；

（三）高新技术产品（服务）收入占企业总收入的比例不低于规定比例；

（四）科技人员占企业职工总数的比例不低于规定比例；

（五）高新技术企业认定管理办法规定的其他条件。

《国家重点支持的高新技术领域》和高新技术企业认定管理办法由国务院科技、财政、税务主管部门商国务院有关部门制订，报国务院批准后公布施行。

高新技术企业认定管理办法

第十条 高新技术企业认定须同时满足以下条件：

（一）在中国境内（不含港、澳、台地区）注册的企业，近三年内通过自主研发、受让、受赠、并购等方式，或通过5年以上的独占许可方式，对其主要产品（服务）的核心技术拥有自主知识产权；

（二）产品（服务）属于《国家重点支持的高新技术领域》规定的范围；

（三）具有大学专科以上学历的科技人员占企业当年职工总数的30%以上，其中研发人员占企业当年职工总数的10%以上；

（四）企业为获得科学技术（不包括人文、社会科学）新知识，创造性运用科学技术新知识，或实质性改进技术、产品（服务）而持续进行了研究开发活动，且近三个会计年度的研究开发费用总额占销售收入总额的比例符合如下要求：

1. 最近一年销售收入小于5000万元的企业，比例不低于6%；

2. 最近一年销售收入在5000万元至20000万元的企业，比例不低于4%；

3. 最近一年销售收入在20000万元以上的企业，比例不低于3%。

其中，企业在中国境内发生的研究开发费用总额占全部研究开发费用总额的比例不低于60%。企业注册成立时间不足三年的，按实际经营年限计算；

（五）高新技术产品（服务）收入占企业当年总收入的60%以上；

（六）企业研究开发组织管理水平、科技成果转化能力、自主知识产权数量、销售与总资产成长性等指标符合《高新技术企业认定管理工作指引》（另行制定）的要求。

▶ 6. 享有加计扣除优惠条件是什么？

【宣讲要点】

加计扣除，是指在计算应纳税所得额时增加特定扣除项目的扣除额，以减少应纳税所得额，进而减轻纳税人税收负担。

根据企业所得税法第30条的规定，企业的下列支出，可以在计算应纳税所得额时加计扣除：（1）开发新技术、新产品、新工艺发生的研究开发费用；（2）安置残疾人员及国家鼓励安置的其他就业人员所支付的工资。

研究开发费用的加计扣除，是指企业为开发新技术、新产品、新工艺发生的研究开发费用，未形成无形资产计入当期损益的，在按照规定据实扣除的基础上，按照研究开发费用的50%加计扣除；形成无形资产的，按照无形资产成本的150%摊销。除法律另有规定外，摊销年限不得低于10年。

企业未设立专门的研发机构或企业研发机构同时承担生产经营任务的，应对研发费用和生产经营费用分开进行核算，准确、合理的计算各项研究开发费用支出，对划分不清的，不得实行加计扣除。企业必须对研究开发费用实行专账管理，同时必须按照本办法附表的规定项目，准确归集填写年度可加计扣除的各项研究开发费用实际发生金额。企业应于年度汇算清缴所得税申报时向主管税务机关报送本办法规定的相应资料。申报的研究开发费用不真实或者资料不齐全的，不得享受研究开发费用加计扣除，主管税务机关有权对企业申报的结果进行合理调整。企业在一个纳税年度内进行多个研究开发活动的，应按照不同开发项目分别归集可加计扣除的研究开发费用额。

企业安置残疾人员所支付的工资的加计扣除，是指企业安置残疾人员的，在按照支付给残疾职工工资据实扣除的基础上，按照支付给残疾职工工资的100%加计扣除。根据残疾人保障法第2条的规定，残疾人，是指在心理、生理、人体结构上，某种组织、功能丧失或者不正常，全部或者部分丧失以正常方式从事某种活动能力的人。残疾人包括视力残疾、听力残疾、言语残疾、肢体残疾、智力残疾、精神残疾、多重残疾和其他残疾的人。单位实际支付给残疾人的工资加计扣除部分，如大于本年度应纳税所得额的，可准予扣除其不超过应纳税所得额的部分，超过部分本年度和以后年度均不得扣除。亏损单位不适用上述工资加计扣除应纳税所得额的办法。单位在执行上述工资加计扣除应纳税所得额办法的同时，可以享受其他企业所得税优惠政策。上述“单位”是指，税务登记为各类所有制企业（不包括个人独资企业、合伙企业和个体经营户）、事业单位、社会团体和民办非企业单位。企业安置国家鼓励安置的其他就业人员所支付的工资的加计扣除办法，由国务院另行规定。

企业享受安置残疾职工工资100%加计扣除应同时具备如下条件：（1）依法与安置的每位残疾人签订了1年以上（含1年）的劳动合同或服务协议，

并且安置的每位残疾人在企业实际上岗工作；（2）为安置的每位残疾人按月足额缴纳了企业所在区县人民政府根据国家政策规定的基本养老保险、基本医疗保险、失业保险和工伤保险等社会保险；（3）通过银行等金融机构向安置的每位残疾人实际支付了不低于企业所在区县适用的经省级人民政府批准的最低工资标准的工资；（4）具备安置残疾人上岗工作的基本设施。

【典型案例】

冀东公司自行研究开发一项技术，截至2010年6月30日，发生研究费用支出合计100万元。从2010年7月1日开始进入开发阶段，该阶段发生研发支出120万元，假定符合无形资产准则规定的开发支出资本化的条件。2010年12月31日，该项研发活动结束，最终开发出一项非专利技术。另外，2010年，该公司职工中有20%是残疾人，该年度支付残疾人工资20万元。

基于上述情形，2010年度冀东公司能够享有哪些企业所得税优惠？

【专家评析】

本案例主要涉及加计扣除税收优惠。根据企业所得税法第30条的规定："企业的下列支出，可以在计算应纳税所得额时加计扣除：（一）开发新技术、新产品、新工艺发生的研究开发费用；（二）安置残疾人员及国家鼓励安置的其他就业人员所支付的工资。"其中研究开发费用的加计扣除，是指企业为开发新技术、新产品、新工艺发生的研究开发费用，未形成无形资产计入当期损益的，在按照规定据实扣除的基础上，按照研究开发费用的50%加计扣除；形成无形资产的，按照无形资产成本的150%摊销。本案中，冀东公司2010年6月30日以前发生的研发费用支出属于未形成无形资产的支出，应计入当期损益，可以在据实扣除的基础上加计扣除50%，即100×50%＝50（万元）。而2010年7月1日开始的开发阶段支出的120万元，符合资本化条件，应计入无形资产成本。2010年12月31日形成无形资产，则2011年1月1日开始，该部分支出按无形资产成本的150%摊销，即若开发出的非专利技术使用年限为10年，则2011年开始每年可摊销的数额为120×150%÷10=18（万元）。综上，2010年度冀东公司可通过研究开发费用享受的企业所得税优惠是计算应纳税所得额时可加计扣除50万元。

企业安置残疾人员的，在按照支付给残疾职工工资据实扣除的基础上，按照支付给残疾职工工资的100%加计扣除。残疾人员的范围适用《中华人民共和国残疾人保障法》的有关规定。本案中，冀东公司2010年因安置残疾人就业支付工资20万元，因此可加计扣除残疾人工资额的100%即20万元。

综上所述，冀东公司2010年度可享受的加计扣除共计50+20=70（万元）。

【法条指引】

中华人民共和国企业所得税法

第三十条 企业的下列支出，可以在计算应纳税所得额时加计扣除：

（一）开发新技术、新产品、新工艺发生的研究开发费用；

（二）安置残疾人员及国家鼓励安置的其他就业人员所支付的工资。

企业所得税法实施条例

第九十五条 企业所得税法第三十条第（一）项所称研究开发费用的加计扣除，是指企业为开发新技术、新产品、新工艺发生的研究开发费用，未形成无形资产计入当期损益的，在按照规定据实扣除的基础上，按照研究开发费用的50%加计扣除；形成无形资产的，按照无形资产成本的150%摊销。

第九十六条 企业所得税法第三十条第（二）项所称企业安置残疾人员所支付的工资的加计扣除，是指企业安置残疾人员的，在按照支付给残疾职工工资据实扣除的基础上，按照支付给残疾职工工资的

100%加计扣除。残疾人员的范围适用《中华人民共和国残疾人保障法》的有关规定。

企业所得税法第三十条第（二）项所称企业安置国家鼓励安置的其他就业人员所支付的工资的加计扣除办法，由国务院另行规定。

▶ 7. 创业投资企业享受哪些税收优惠?

【宣讲要点】

创业投资企业从事国家需要重点扶持和鼓励的创业投资，可以按投资额的一定比例抵扣应纳税所得额。其中，创业投资企业，是指依照《创业投资企业管理暂行办法》（以下简称《暂行办法》）和《外商投资创业投资企业管理规定》，在中华人民共和国境内设立的专门从事创业投资活动的企业或其他经济组织。可见享受税收优惠的创业投资企业需要是我国的居民企业，其享受的税收优惠类型主要是抵扣应纳税所得额，即税基式税收优惠。此处“抵扣应纳税所得额”，是指创业投资企业采取股权投资方式投资于未上市的中小高新技术企业2年以上的，可以按照其投资额的70%在股权持有满2年的当年抵扣该创业投资企业的应纳税所得额；当年不足抵扣的，可以在以后纳税年度结转抵扣。

享受上述优惠政策的创业投资企业应当满足以下条件：

（1）经营范围符合《暂行办法》规定，且工商登记为“创业投资有限责任公司”、“创业投资股份有限公司”等专业性法人创业投资企业。

（2）按照《暂行办法》规定的条件和程序完成备案，经备案管理部门年度检查核实，投资运作符合《暂行办法》的有关规定。

（3）创业投资企业投资的中小高新技术企业，除应按照科技部、财政部、国家税务总局《关于印发〈高新技术企业认定管理办法〉的通知》和《关于印发〈高新技术企业认定管理工作指引〉的通知》的规定，通过高新技术企业认定以外，还应符合职工人数不超过500人，年销售（营业）额不超过2亿元，资产总额不超过2亿元的条件。

2007年年底前按原有规定取得高新技术企业资格的中小高新技术企业，且在2008年继续符合新的高新技术企业标准的，向其投资满24个月的计算，可自创业投资企业实际向其投资的时间起计算。

（4）财政部、国家税务总局规定的其他条件。

【典型案例】

沧海公司是一家依法在中国境内设立的创业投资企业，2009年1月，该公司投资300万元，购买自然公司75%的股权，自然公司是一家中小高新技术企业。至2011年年末，沧海公司持续持有该笔股权。另外，2011年沧海公司的会计利润为1000万元。假定不存在其他纳税调整事项，沧海公司2011年的应纳税所得额是多少？

【专家评析】

本案主要涉及创投企业的税收优惠问题。根据企业所得税法第31条，“创业投资企业从事国家需要重点扶持和鼓励的创业投资，可以按投资额的一定比例抵扣应纳税所得额”，其中抵扣应纳税所得额，是指创业投资企业采取股权投资方式投资于未上市的中小高新技术企业2年以上的，可以按照其投资额的70%在股权持有满2年的当年抵扣该创业投资企业的应纳税所得额；当年不足抵扣的，可以在以后纳税年度结转抵扣。另外国家税务总局《关于实施创业投资企业所得税优惠问题的通知》第2条，对创业投资企业享受抵扣应纳税所得额税收优惠的条件作出具体规定，具体内容可参见“宣讲要点”。

本案中沧海公司是依法成立的居民创业投资企业，符合适用创投企业税收优惠的主体条件。该公司自2009年起投资中小高新企业，至2011年满2年。因此，沧海公司在2011年可按投资额的70%抵扣应纳税所得额，即300×70% =210（万元）。综上，沧海公司2011年的应纳税所得额为1000－210＝790（万元）。

【法条指引】

中华人民共和国企业所得税法

第三十一条　创业投资企业从事国家需要重点扶持和鼓励的创业投资，可以按投资额的一定比例抵扣应纳税所得额。

企业所得税法实施条例

第九十七条　企业所得税法第三十一条所称抵扣应纳税所得额，是指创业投资企业采取股权投资方式投资于未上市的中小高新技术企业 2 年以上的，可以按照其投资额的 70% 在股权持有满 2 年的当年抵扣该创业投资企业的应纳税所得额；当年不足抵扣的，可以在以后纳税年度结转抵扣。

国家税务总局关于实施创业投资企业所得税优惠问题的通知

一、创业投资企业是指依照《创业投资企业管理暂行办法》（国家发展和改革委员会等 10 部委令 2005 年第 39 号，以下简称《暂行办法》）和《外商投资创业投资企业管理规定》（商务部等 5 部委令 2003 年第 2 号）在中华人民共和国境内设立的专门从事创业投资活动的企业或其他经济组织。

二、创业投资企业采取股权投资方式投资于未上市的中小高新技术企业 2 年（24 个月）以上，凡符合以下条件的，可以按照其对中小高新技术企业投资额的 70%，在股权持有满 2 年的当年抵扣该创业投资企业的应纳税所得额；当年不足抵扣的，可以在以后纳税年度结转抵扣。

（一）经营范围符合《暂行办法》规定，且工商登记为“创业投资有限责任公司”、“创业投资股份有限公司”等专业性法人创业投资企业。

（二）按照《暂行办法》规定的条件和程序完成备案，经备案管理部门年度检查核实，投资运作符合《暂行办法》的有关规定。

（三）创业投资企业投资的中小高新技术企业，除应按照科技部、财政部、国家税务总局《关于印发〈高新技术企业认定管理办法〉的通知》（国科发火〔2008〕172号）和《关于印发〈高新技术企业认定管理工作指引〉的通知》（国科发火〔2008〕362号）的规定，通过高新技术企业认定以外，还应符合职工人数不超过500人，年销售（营业）额不超过2亿元，资产总额不超过2亿元的条件。

2007年底前按原有规定取得高新技术企业资格的中小高新技术企业，且在2008年继续符合新的高新技术企业标准的，向其投资满24个月的计算，可自创业投资企业实际向其投资的时间起计算。

（四）财政部、国家税务总局规定的其他条件。

……

▶ 8. 加速折旧适用条件是什么？

【宣讲要点】

企业的固定资产由于技术进步等原因，确需加速折旧的，可以采取缩短折旧年限或者采取加速折旧的方法。可以采取缩短折旧年限或者采取加速折旧的方法的固定资产，包括：（1）由于技术进步，产品更新换代较快的固定资产；（2）常年处于强震动、高腐蚀状态的固定资产。

企业过去没有使用过与该项固定资产功能相同或类似的固定资产，但有充分证据证明该固定资产的预计使用年限短于《企业所得税法实施条例》规定的计算折旧最低年限的，企业可根据该固定资产的预计使用年限和关于企业固定资产加速折旧所得税处理有关问题的通知的规定，对该固定资产采取缩短折旧年限或者加速折旧的方法。企业在原有的固定资产未达到《企业所得税法实施条例》规定的最低折旧年限前，使用功能相同或类似的新固定资产替代旧固定资产的，企业可根据旧固定资产的实际使用年限，对新替代的固定资产采取缩短折旧年限或者加速折旧的方法。

采取缩短折旧年限方法的，对其购置的新固定资产，最低折旧年限不得低于《企业所得税法实施条例》第60条规定的折旧年限的60%；若为购置已使用过的固定资产，其最低折旧年限不得低于《企业所得税法实施条例》规定的最低折旧年限减去已使用年限后剩余年限的60%。最低折旧年限一经确定，一般不得变更。

企业拥有并用于生产经营的主要或关键的固定资产采取加速折旧方法的，可以采用双倍余额递减法或者年数总和法。加速折旧方法一经确定，一般不得变更。

双倍余额递减法，是指在不考虑固定资产预计净残值的情况下，根据每期期初固定资产原值减去累计折旧后的金额和双倍的直线法折旧率计算固定资产折旧的一种方法。应用这种方法计算折旧额时，由于每年年初固定资产净值没有减去预计净残值，所以在计算固定资产折旧额时，应在其折旧年限到期前的两年期间，将固定资产净值减去预计净残值后的余额平均摊销。其计算公式为：

年折旧率＝2÷预计的折旧年限×100%，

年折旧额＝固定资产期初账面净值×年折旧率。

年数总和法，是将固定资产的原值减去预计净残值后的余额，乘以一个以固定资产尚可使用寿命为分子、以预计使用寿命逐年数字之和为分母的逐年递减的分数计算每年的折旧额的一种方法。其计算公式为：

年折旧率＝尚可使用年数/｛（折旧年限×（折旧年限＋1））÷2｝×100%

年折旧额＝（固定资产原值－预计净残值）×年折旧率

对于采取缩短折旧年限的固定资产，足额计提折旧后继续使用而未进行处置（包括报废等情形）超过12个月的，今后对其更新替代、改造改建后形成的功能相同或者类似的固定资产，不得再采取缩短折旧年限的方法。

【典型案例】

东风公司2008年6月购买一台新设备，原价值100万元，预计使用年限5年，预计净残值4万元，由于该设备常年处于强震动、高腐蚀状态，东风公司决定采取加速折旧。东风公司选用双倍余额递减法、年数总和法分别如何计提折旧？

【专家评析】

本案主要涉及固定资产加速折旧的计算。

根据《企业所得税法实施条例》第98条的规定可知，可以采取缩短折旧年限或者采取加速折旧的方法的固定资产，包括：（1）由于技术进步，产品更新换代较快的固定资产；（2）常年处于强震动、高腐蚀状态的固定资产。本案中东风公司购买的设备属于第2种情况，因此，可以采取加速折旧方法。双倍余额递减法、年数总和法是我国法律允许的加速折旧方法，两者在本案中的计算方法如下：

（1）选用双倍余额递减法计提折旧。年折旧率为2÷5=0.4，月折旧率为0.4÷12=1/30，则2008年7月折旧为100×1/30=3.33（万元）；8月折旧为（100-3.33）×1/30=3.22（万元）；9月折旧为（100-3.33-3.22）×1/30=3.12（万元）；10月折旧为（100-3.33-3.22-3.12）×1/30=3.01（万元）；11月折旧为（100-3.33-3.22-3.12-3.01）×1/30=2.91（万元）；12月折旧为（100-3.33-3.22-3.12-3.01-2.91）×1/30=2.81（万元），2008年共可税前扣除的折旧为3.33+3.22+3.12+3.01+2.91+2.81=18.4（万元）。

2009年1月~2011年6月的折旧以此类推，直到折旧期限到期前两年即2011年7月~2013年6月的折旧，按2011年7月初固定资产净值减去预计净残值后的余额平均摊销至24个月计算。

（2）选用年数总和法计提折旧。第一年折旧率为5÷（1+2+3+4+5）=1/3，月折旧率=1/3÷12=1/36；第二年折旧率为4÷（1+2+3+4+5）=4/15，月折旧率为4/15÷12=1/45；第三年折旧率为3÷（1+2+3+4+5）=1/5，月折旧率为1/5÷12=1/60；第四年折旧率为2÷（1+2+3+4+5）=2/15，月折旧率为2/15÷12=1/90；第五年折旧率为1÷(1+2+3+4+5）=1/15，月折旧率为1/15÷12=1/180。

则2008年折旧为6×（100-4）×1/36=16（万元）；2009年1月至6月折旧额为6×（100-4）×1/36=16（万元），7月至12月折旧额为6×（100-4）×1/45=12.8（万元）；2010年1月至6月折旧额为6×（100-4）×1/45=12.8（万元），7月至12月折旧额为6×（100-4）×

1/60 = 9.6（万元）；2011 年 1 月至 6 月折旧额为 6 ×（100 − 4）× 1/60 = 9.6（万元），7 月至 12 月折旧额为 6 ×（100 − 4）× 1/90 = 6.4（万元）；2012 年 1 月至 6 月折旧额为 6 ×（100 − 4）× 1/90 = 6.4（万元），7 月至 12 月折旧额为 6 ×（100 − 4）× 1/180 = 3.2（万元）；2013 年 1 月至 6 月折旧额为 6 ×（100 − 4）× 1/180 = 3.2（万元）。

【法条指引】

企业所得税法实施条例

第九十八条　企业所得税法第三十二条所称可以采取缩短折旧年限或者采取加速折旧的方法的固定资产，包括：

（一）由于技术进步，产品更新换代较快的固定资产；

（二）常年处于强震动、高腐蚀状态的固定资产。

采取缩短折旧年限方法的，最低折旧年限不得低于本条例第六十条规定折旧年限的60%；采取加速折旧方法的，可以采取双倍余额递减法或者年数总和法。

国家税务总局关于企业固定资产加速折旧所得税处理有关问题的通知

四、企业拥有并使用符合本通知第一条规定条件的固定资产采取加速折旧方法的，可以采用双倍余额递减法或者年数总和法。加速折旧方法一经确定，一般不得变更。

（一）双倍余额递减法，是指在不考虑固定资产预计净残值的情况下，根据每期期初固定资产原值减去累计折旧后的金额和双倍的直线法折旧率计算固定资产折旧的一种方法。应用这种方法计算折旧额时，由于每年年初固定资产净值没有减去预计净残值，所以在计算固定资产折旧额时，应在其折旧年限到期前的两年期间，将固定资产净值减去预计净残值后的余额平均摊销。计算公式如下：

年折旧率 = 2 ÷ 预计使用寿命（年）× 100%

月折旧率 = 年折旧率 ÷ 12

月折旧额 = 月初固定资产账面净值 × 月折旧率

（二）年数总和法，又称年限合计法，是指将固定资产的原值减去预计净残值后的余额，乘以一个以固定资产尚可使用寿命为分子、以预计使用寿命逐年数字之和为分母的逐年递减的分数计算每年的折旧额。计算公式如下：

年折旧率 = 尚可使用年限 ÷ 预计使用寿命的年数总和 ×100%

月折旧率 = 年折旧率 ÷12

月折旧额 = （固定资产原值 - 预计净残值） ×月折旧率

……

第六章
企业所得税应纳税额的计算

▶ 1. 居民企业应纳税额如何计算?

【宣讲要点】

企业的应纳税所得额乘以适用税率，减除依照企业所得税法关于税收优惠的规定减免和抵免的税额后的余额，为应纳税额，其基本计算公式为：

应纳税额 = 应纳税所得额 × 适用税率 - 减免税额 - 抵免税额

公式中的减免税额和抵免税额，是指依照企业所得税法和国务院的税收优惠规定减征、免征和抵免的应纳税额。由计算公式可以看出，应纳税额的多少，取决于应纳税所得额和适用税率两个因素。在实际过程中，应纳税所得额的计算一般有两种方法。

（1）直接计算法。在直接计算法下，企业每一纳税年度的收入总额减除不征税收入、免税收入、各项扣除以及允许弥补的以前年度亏损后的余额为应纳税所得额。计算公式为：

应纳税所得额 = 收入总额 - 不征税收入 - 免税收入 - 各项扣除金额 - 弥补亏损

（2）间接计算法。在间接计算法下，是在会计利润总额的基础上加或减按照税法规定调整的项目金额后，即为应纳税所得额。计算公式为：

应纳税所得额 = 会计利润总额 ± 纳税调整项目金额

其中的纳税调整项目包括两方面的内容：一是企业财务会计处理和税收规定不一致的应予以调整的金额；二是企业按税法规定准予扣除的税收金额。

【典型案例】

有机公司为化工企业，2012 年该公司的产品销售收入为 3000 万元，销售成本为 1000 万元，营业税金及其附加为 15 万元，销售费用为 300 万元（含广告费用 100 万元），管理费用为 500 万元（含工会经费 10 万元、办公室房租 36 万元、存货跌价准备 2 万元），投资收益 30 万元（含国债利息 10 万元、从联营公司分得税后利润 30 万元、权益法计算投资某公司损失 10 万元），营业外支出 30 万元（含通过政府部门对灾区捐款 10 万元、违反政府规定被工商局罚款 5 万元、违反购销合同向供货方支付违约金 15 万元）。其他补充资料：（1）当年 7 月 1 日起，支付 3 年房租 36 万元；（2）当年企业支付符合规定的职工工资 100 万元。

有机公司 2012 年企业所得税税前可扣除的销售费用、管理费用、营业外支出分别为多少？可计入应纳税所得的投资收益是多少？该公司的应纳税所得额及应纳税额是多少？

【专家评析】

本案涉及企业所得税应纳税额的计算，根据“宣讲要点”可知企业所得税应纳税所得额一般有直接计算和间接计算两种方法，由于间接计算方法可以借助已有的会计利润，比直接计算方法更快捷，因此实践中较常用的是间接计算法。采用间接计算方法的关键在于掌握税法和会计处理的差异，企业所得税法第 21 条明确规定，在计算应纳税所得额时，企业财务、会计处理办法与税收法律、行政法规的规定不一致的，应当依照税收法律、行政法规的规定计算。具体到本案中：

（1）企业所得税前可扣除的销售费用为 300 万元。销售费用中包含的广告费在会计中可以全部计入销售费用中，但在税法中有扣除限额的规定。因此，税法中能否将实际发生的销售费用全部扣除，取决于发生的广告费是否超过企业所得税前扣除限额。税前扣除的广告费用的限额为当年营业（销售）收入的15%，即3000×15%=450（万元）>实际发生的广告费用100万元。因此企业发生的销售费用300万元可以全额扣除。

（2）企业所得税前可扣除的管理费用=500-（10-2）-（36-6）-2=460（万元）。和上述广告费类似，税法中对工会经费也有扣除限额规定。税前扣除的工会经费的限额为该年度职工工资薪金总额的2%，即100×2%=2（万元）<实际发生的工会经费10万元，因此可以扣除的工会经费为2万元。

经营性租入固定资产的费用应按收益时间均匀扣除，该年度可扣除的费用=36÷（12×3）×6=6（万元）。

存货跌价准备2万元属于未经核定的准备金支出，不得在税前扣除。

（3）企业计入应纳税所得的投资收益为零。国债利息10万元、从联营公司分得税后利润30万元为免税收入。权益法计算的投资损失10万元税法不予认可。

（4）企业所得税税前可扣除的营业外支出=30-5=25（万元）。企业税前可扣除的公益性捐赠的限额为当年年度总利润的12%。企业的年度会计利润总额=3000+30-1000-15-300-500-30=1185（万元），因此，企业扣除的公益性捐赠的限额=1185×12%=142.2（万元）>实际发生捐赠额10万元。所以，实际发生的10万元捐赠额可全额扣除。

违反政府规定被工商局处以罚款的5万元不得扣除。违反购销合同支付的违约金15万元得以全额扣除。

（5）企业应纳税所得额=3000-1000-15-300-460-25=1200（万元）。

（6）企业应缴纳的所得税税额=1200×25%=300（万元）。

【法条指引】

中华人民共和国企业所得税法

第九条 企业发生的公益性捐赠支出，在年度利润总额12%以内的部分，准予在计算应纳税所得额时扣除。

第二十一条 在计算应纳税所得额时，企业财务、会计处理办法与税收法律、行政法规的规定不一致的，应当依照税收法律、行政法规的规定计算。

第二十二条 企业的应纳税所得额乘以适用税率，减除依照本法关于税收优惠的规定减免和抵免的税额后的余额，为应纳税额。

第二十六条 企业的下列收入为免税收入：

（一）国债利息收入；

（二）符合条件的居民企业之间的股息、红利等权益性投资收益；

（三）在中国境内设立机构、场所的非居民企业从居民企业取得与该机构、场所有实际联系的股息、红利等权益性投资收益；

（四）符合条件的非营利组织的收入。

企业所得税法实施条例

第四十一条 企业拨缴的工会经费，不超过工资薪金总额2%的部分，准予扣除。

第四十四条 企业发生的符合条件的广告费和业务宣传费支出，除国务院财政、税务主管部门另有规定外，不超过当年销售（营业）收入15%的部分，准予扣除；超过部分，准予在以后纳税年度结转扣除。

第四十七条 企业根据生产经营活动的需要租入固定资产支付的租赁费，按照以下方法扣除：

（一）以经营租赁方式租入固定资产发生的租赁费支出，按照租赁期限均匀扣除；

（二）以融资租赁方式租入固定资产发生的租赁费支出，按照规定构成融资租入固定资产价值的部分应当提取折旧费用，分期扣除。

▶ 2. 境外所得抵扣税额如何计算？

【宣讲要点】

境外所得抵扣税额的计算实际上涉及如何避免重复征税的问题。由于世界上大多数国家在税收管辖权上同时采用居民管辖权和地域管辖权，即税收管辖权重叠，因此可能导致对同一纳税人或不同纳税人的同一征税对象或税源进行两次或两次以上的征税行为，此即所谓的重复征税。国际上为了避免重复征税主要采取扣除法、减免法、免税法、抵免法、税收饶让法等。我国关于避免重复征税的具体方法是限额抵免法。包括直接抵免和间接抵免两种。直接抵免是指，企业直接作为纳税人就其境外所得在境外缴纳的所得税额在我国应纳税额中抵免。间接抵免是指，境外企业就分配股息前的利润缴纳的外国所得税额中由我国居民企业就该项分得的股息性质的所得间接负担的部分，在我国的应纳税额中抵免。

企业取得的下列所得已在境外缴纳的所得税税额，可以从其当期应纳税额中抵免，抵免限额为该项所得依照企业所得税法规定计算的应纳税额；超过抵免限额的部分，可以在以后5个年度内，用每年度抵免限额抵免当年应抵税额后的余额进行抵补：（1）居民企业来源于中国境外的应税所得；（2）非居民企业在中国境内设立机构、场所，取得发生在中国境外但与该机构、场所有实际联系的应税所得。

居民企业从其直接或者间接控制的外国企业分得的来源于中国境外的股息、红利等权益性投资收益，外国企业在境外实际缴纳的所得税税额中属于该项所得负担的部分，可以作为该居民企业的可抵免境外所得税税额，在企业所得税法第23条规定的抵免限额内抵免。

上述规定中“直接控制”，是指居民企业直接持有外国企业20%以上股份。“间接控制”，是指居民企业以间接持股方式持有外国企业20%以上股份，具体认定办法由国务院财政、税务主管部门另行制定。“已在境外缴纳的所得税税额”，是指企业来源于中国境外的所得依照中国境外税收法律以及相关规定应当缴纳并已经实际缴纳的企业所得税性质的税款。

抵免限额，是指企业来源于中国境外的所得，依照企业所得税法和《企业所得税法实施条例》的规定计算的应纳税额。除国务院财政、税务主管部门另有规定外，该抵免限额应当分国（地区）不分项计算，计算公式如下：

抵免限额＝中国境内、境外所得依照企业所得税法和企业所得税法实施条例的规定计算的应纳税总额×来源于某国（地区）的应纳税所得额÷中国境内、境外应纳税所得总额

前述5个年度，是指从企业取得的来源于中国境外的所得，已经在中国境外缴纳的企业所得税性质的税额超过抵免限额的当年的次年起连续5个纳税年度。

【典型案例】

鑫源公司2012年度境内应纳税所得额为100万元，适用25%的企业所得税税率。另外，该公司在瑞士、美国两国设有分支机构（我国与日本、美国已经缔结避免双重征税协定），在瑞士分支机构的应纳税所得额为50万元，假定瑞士企业所得税税率为20%；在美国的分支机构的应纳税所得额为30万元，假定美国企业所得税税率为30%。假设鑫源公司在瑞士、美国所得按我国税法计算的应纳税所得额和按瑞士、美国税法计算的应纳税所得额一致，两个分支机构在瑞士、美国分别缴纳了10万元和9万元的企业所得税。

鑫源公司汇总时在我国应缴纳的企业所得税税额是多少？

【专家评析】

本案鑫源公司在境外设有分支机构，根据属地管辖原则，分支机构所在国有权向鑫源公司征收企业所得税，同时，鑫源公司作为我国的居民企业，即使在境外所得也为应纳税所得。为避免重复征税，我国采用限额抵免，抵免限额是依我国税法对境外所得计算出的应纳税额，计算公式为：

抵免限额＝中国境内、境外所得依照企业所得税法和企业所得税法实

施条例的规定计算的应纳税总额×来源于某国（地区）的应纳税所得额÷中国境内、境外应纳税所得总额

据此，首先需计算按我国税法鑫源公司在境内外的应纳税额：

(100+50+30)×25%=45（万元）

鑫源公司在瑞士的抵免限额=45×[50÷(100+50+30)]=12.5（万元）

鑫源公司在美国的抵免限额=45×[30÷(100+50+30)]=7.5（万元）

鑫源公司在瑞士实际缴纳的企业所得税为10万元，低于扣除限额12.5万元，故可全额扣除。在美国实际缴纳的所得税为9万元，高于抵扣限额，因此仅能扣除7.5万元，高出的1.5万元部分当年不能扣除。

综上，汇总时鑫源公司在我国应缴纳的所得税=45-10-7.5=27.5（万元）。

【法条指引】

中华人民共和国企业所得税法

第二十三条　企业取得的下列所得已在境外缴纳的所得税税额，可以从其当期应纳税额中抵免，抵免限额为该项所得依照本法规定计算的应纳税额；超过抵免限额的部分，可以在以后五个年度内，用每年度抵免限额抵免当年应抵税额后的余额进行抵补：

（一）居民企业来源于中国境外的应税所得；

（二）非居民企业在中国境内设立机构、场所，取得发生在中国境外但与该机构、场所有实际联系的应税所得。

企业所得税法实施条例

第七十八条　企业所得税法第二十三条所称抵免限额，是指企业来源于中国境外的所得，依照企业所得税法和本条例的规定计算的应纳税额。除国务院财政、税务主管部门另有规定外，该抵免限额应当分国（地区）不分项计算，计算公式如下：

抵免限额=中国境内、境外所得依照企业所得税法和本条例的规定计算的应纳税总额×来源于某国（地区）的应纳税所得额÷中国境内、境外应纳税所得总额

▶ 3. 居民企业核定征收应纳税额如何计算?

【宣讲要点】

为了加强企业所得税征收管理，规范核定征收企业所得税工作，保障国家税款及时足额入库，维护纳税人合法权益，对具有下列情形之一的居民企业纳税人，核定征收企业所得税：

（1）依照法律、行政法规的规定可以不设置账簿的；

（2）依照法律、行政法规的规定应当设置但未设置账簿的；

（3）擅自销毁账簿或者拒不提供纳税资料的；

（4）虽设置账簿，但账目混乱或者成本资料、收入凭证、费用凭证残缺不全，难以查账的；

（5）发生纳税义务，未按照规定的期限办理纳税申报，经税务机关责令限期申报，逾期仍不申报的；

（6）申报的计税依据明显偏低，又无正当理由的。

国家税务总局另行明确特殊行业、特殊类型的纳税人和一定规模以上的纳税人不适用《企业所得税核定征收办法》。根据国家税务总局公告2012年第27号规定，自2012年1月1日起，专门从事股权（股票）投资业务的企业，不得核定征收企业所得税。

税务机关应根据纳税人具体情况，对核定征收企业所得税的纳税人，核定应税所得率或者核定应纳所得税额。

（1）具有下列情形之一的，核定其应税所得率：①能正确核算（查实）收入总额，但不能正确核算（查实）成本费用总额的；②能正确核算（查实）成本费用总额，但不能正确核算（查实）收入总额的；③通过合理方法，能计算和推定纳税人收入总额或成本费用总额的。

纳税人不属于以上情形的，核定其应纳所得税额。

（2）税务机关采用下列方法核定征收企业所得税：①参照当地同类行业或者类似行业中经营规模和收入水平相近的纳税人的税负水平核定；

②按照应税收入额或成本费用支出额定率核定；③按照耗用的原材料、燃料、动力等推算或测算核定；④按照其他合理方法核定。

采用前款所列一种方法不足以正确核定应纳税所得额或应纳税额的，可以同时采用两种以上的方法核定。采用两种以上方法测算的应纳税额不一致时，可按测算的应纳税额从高核定。

采用应税所得率方式核定征收企业所得税的，应纳所得税额计算公式如下：

应纳所得税额 = 应纳税所得额 × 适用税率

应纳税所得额 = 应税收入额 × 应税所得率

或：应纳税所得额 = 成本（费用）支出额/（1 – 应税所得率）× 应税所得率

实行应税所得率方式核定征收企业所得税的纳税人，经营多业的，无论其经营项目是否单独核算，均由税务机关根据其主营项目确定适用的应税所得率。

主营项目应为纳税人所有经营项目中，收入总额或者成本（费用）支出额或者耗用原材料、燃料、动力数量所占比重最大的项目。

应税所得率按下表规定的幅度标准确定：

行业	应税所得率（%）
农、林、牧、渔业	3 – 10
制造业	5 – 15
批发和零售贸易业	4 – 15
交通运输业	7 – 15
建筑业	8 – 20
饮食业	8 – 25
娱乐业	15 – 30
其他行业	10 – 30

【典型案例】

全兴公司为批发兼零售的居民企业，2011 年度自行申报营业收入总额 350 万元，成本费用总额 370 万元，当年亏损 20 万元，经税务机关审核，该企业申报的收入总额无法核实，成本费用核算正确。假定对全兴公司采取核定征收企业所得税，应税所得率为8%，该居民企业2011年度应缴纳企业所得税是多少？

【专家评析】

税务机关进行企业所得税征收管理时根据不同情况采取不同征收方式，一般采取查账征收方式，即纳税人在规定的纳税期限内根据自己的财务报表或经营情况，向税务机关申请其营业额和所得额，经税务机关审核后，先开缴款书，由纳税人限期向当地代理金库的银行缴纳税款。这种征收方式适用于账簿、凭证、财务核算制度比较健全，能够据以如实核算，反映生产经营成果，正确计算应纳税款的纳税人。若由于纳税人的会计账簿不健全，资料残缺难以查账，或者其他原因难以准确确定纳税人应纳税额时，则由税务机关采用合理的方法依法核定纳税人应纳税款，此种征收方式称为核定征收。本案中，全兴公司的收入总额无法核实，导致无法准确确定该公司的应纳税额，同时全兴公司不属于专门从事股权（股票）投资业务的企业，故可以采取核定征收方式。

根据《企业所得税核定征收办法》（试行），应纳所得税额＝应纳税所得额×适用税率，应纳税所得额＝应税收入额×应税所得率或应纳税所得额＝成本（费用）支出额/（1－应税所得率）×应税所得率。具体到本案，应纳税所得额＝370÷（1－8%）×8%＝32.17（万元）；应纳税额＝32.17×25%＝8.04（万元）。

【法条指引】

企业所得税核定征收办法（试行）

第二条 本办法适用于居民企业纳税人。

第三条 纳税人具有下列情形之一的，核定征收企业所得税：

（一）依照法律、行政法规的规定可以不设置账簿的；

（二）依照法律、行政法规的规定应当设置但未设置账簿的；

（三）擅自销毁账簿或者拒不提供纳税资料的；

（四）虽设置账簿，但账目混乱或者成本资料、收入凭证、费用凭证残缺不全，难以查账的；

（五）发生纳税义务，未按照规定的期限办理纳税申报，经税务机关责令限期申报，逾期仍不申报的

（六）申报的计税依据明显偏低，又无正当理由的。

特殊行业、特殊类型的纳税人和一定规模以上的纳税人不适用本办法。上述特定纳税人由国家税务总局另行明确。

第六条　采用应税所得率方式核定征收企业所得税的，应纳所得税额计算公式如下：

应纳所得税额＝应纳税所得额×适用税率

应纳税所得额＝应税收入额×应税所得率

或：应纳税所得额＝成本（费用）支出额/（1－应税所得率）×应税所得率

第七章 企业所得税特别纳税调整

▶ 1. 如何确定关联交易的应纳税所得?

【宣讲要点】

(1) 不符合独立交易原则关联交易的合理调整。企业与其关联方之间的业务往来，不符合独立交易原则而减少企业或者其关联方应纳税收入或者所得额的，税务机关有权按照合理方法调整。其中，关联方，是指与企业有下列关联关系之一的企业、其他组织或者个人：①在资金、经营、购销等方面存在直接或者间接的控制关系；②直接或者间接地同为第三者控制；③在利益上具有相关联的其他关系。“独立交易原则”是转让定价的核心原则，是指没有关联关系的交易各方，按照公平成交价格和营业常规进行业务往来遵循的原则。在判断关联企业与其关联方之间的业务往来是否符合独立交易原则时，强调将关联交易定价或利润水平与可比情形下没有关联关系的交易定价和利润水平进行比较，如果存在差异，就说明因为关联关系的存在而导致企业没有遵循正常市场交易原则和营业常规，从而违背了独立交易原则。

在判定纳税人的关联交易不符合独立交易原则，减少了应税收入或者所得额之后，税务机关可以运用合理方法进行纳税调整。从国际上通行的转让定价调整方法看，合理方法是指符合独立交易原则的定价原则和方法，实施条例采取国际上通行的做法，规定转让定价具体调整方法包括：①可比非受控价格法，是指按照没有关联关系的交易各方进行相同或者类似业务往来的价格进行定价的方法；②再销售价格法，是指按照从关联方购进商品再销售给没有关联关系的交易方的价格，减除相同或者类似业务的销售毛利进行定价的方法；③成本加成法，是指按照成本加合理的费用和利润进行定价的方法；④交易净利润法，是指按照没有关联关系的交易各方进行相同或者类似业务往来取得的净利润水平确定利润的方法；⑤利润分割法，是指将企业与其关联方的合并利润或者亏损在各方之间采用合理标准进行分配的方法；⑥其他符合独立交易原则的方法。

（2）关联方间的成本分摊协议。企业与其关联方共同开发、受让无形资产，或者共同提供、接受劳务发生的成本，在计算应纳税所得额时应当按照独立交易原则进行分摊。成本分摊协议是企业间签订的一种契约性协议，签约各方约定在研发或劳务活动中共摊成本、共担风险，并按照预期收益与成本相配比的原则合理分享收益。企业与其关联方共同开发、受让无形资产，或者共同提供、接受劳务时，应预先在各参与方之间达成协议安排，采用合理方法分摊上述活动发生的成本，即必须遵循独立交易原则：在可比情形下没有关联关系的企业之间共同开发、受让无形资产，或者共同提供、接受劳务所能接受的协议分配方法分摊上述活动发生的成本。

【典型案例】

东方有限公司是由中方大宏企业与香港鸿达公司共同兴办的中外合作企业，2010 年开业，生产销售高级品牌服装，产品 100% 外销。

香港鸿达公司系东方有限公司的外方股东，且自东方有限公司开业以来，生产所需原材料均是由香港鸿达公司提供的，产品全部返销香港，大部分返销香港鸿达公司。

东方有限公司 2011 年外销产品 30 万元，账面上盈利 6 万元。2010 年度销售给香港鸿达公司的时装每打定价为 1800 元，共销售 611 打，总金额为 109.98 万元，而销售给另一家非关联公司的同样产品的价格却为每打

5520元，共销售585打，总金额为322.92万元，是销售给其关联公司鸿达公司价格的3倍多。

对东方有限公司的行为该如何处理？

【专家评析】

本案例是企业通过转让定价进行避税的典型。转让定价是指关联企业之间在销售货物、提供劳务、转让无形资产等时制定的价格。在跨国经济活动中，利用关联企业之间的转让定价进行避税已成为一种常见的避税方法，其一般做法是：在高税率国的企业向其低税率国关联企业销售货物、提供劳务、转让无形资产时制定低价；反之则制定高价。这样，利润就从高税率国转移到低税率国，从而达到最大限度减轻其税负的目的。

本案中香港鸿达公司作为东方有限公司的股东，是东方有限公司的关联公司。东方有限公司通过向鸿达公司压低销售价格的方式，违反正常交易原则，低报应纳税所得额和销售收入额，是典型的转移定价的行为。

在上述情况下应当对鸿达公司的销售额重新估价。估价的方法包括：可比非受控价格法，再销售价格法，成本加成法，交易净利润法，利润分割法，其他符合独立交易原则的方法。

（1）可比非受控价格法以非关联方之间进行的与关联交易相同或类似业务活动所收取的价格作为关联交易的公平成交价格。可比非受控价格法可以适用于所有类型的关联交易。

（2）再销售价格法以关联方购进商品再销售给非关联方的价格减去可比非关联交易毛利后的金额作为关联方购进商品的公平成交价格。其计算公式为：

公平成交价格 = 再销售给非关联方的价格 ×（1 − 可比非关联交易毛利率）

可比非关联交易毛利率 = 可比非关联交易毛利 ÷ 可比非关联交易收入净额 × 100%

再销售价格法通常适用于再销售者未对商品进行改变外形、性能、结构或更换商标等实质性增值加工的简单加工或单纯购销业务。

（3）成本加成法以关联交易发生的合理成本加上可比非关联交易毛利作为关联交易的公平成交价格。其计算公式为：

公平成交价格＝关联交易的合理成本×（1＋可比非关联交易成本加成率）

可比非关联交易成本加成率＝可比非关联交易毛利÷可比非关联交易成本×100%

该法通常适用于有形资产的购销、转让和使用，以及劳务提供或资金融通的关联交易。

（4）交易净利润法以可比非关联交易的利润率指标确定关联交易的净利润。利润率指标包括资产收益率、销售利润率、完全成本加成率、贝里比率等。该法通常适用于有形资产的购销、转让和使用，无形资产的转让和使用，以及劳务提供等关联交易。

利润分割法根据企业与关联方对关联交易合并利润的贡献计算各自应该分配的利润额。该法分为一般利润分割法和剩余利润分割法。一般利润分割法根据关联交易各参与方所执行的功能、承担的风险以及使用的资产，确定各自应取得的利润。剩余利润分割法将关联交易各参与方的合并利润减去分配给各方的常规利润的余额作为剩余利润，再根据各方对剩余利润的贡献程度进行分配。该法通常适用于各参与方关联交易高度整合且难以单独评估各方交易结果的情况。

具体到本案，适合使用可比非受控价格法，将东方有限公司对香港鸿达公司的销售单价定为每打5520元，调整其与关联公司的销售价格，调增收入（5520－1800）×611＝2272920（元），相应调增东方有限公司2011年度企业利润为2272920元，补缴相应的企业所得税。

【法条指引】

中华人民共和国企业所得税法

第四十一条 企业与其关联方之间的业务往来，不符合独立交易原则而减少企业或者其关联方应纳税收入或者所得额的，税务机关有权按照合理方法调整。

企业与其关联方共同开发、受让无形资产，或者共同提供、接受劳务发生的成本，在计算应纳税所得额时应当按照独立交易原则进行分摊。

企业所得税法实施条例

第一百一十一条 企业所得税法第四十一条所称合理方法，包括：

（一）可比非受控价格法，是指按照没有关联关系的交易各方进行相同或者类似业务往来的价格进行定价的方法；

（二）再销售价格法，是指按照从关联方购进商品再销售给没有关联关系的交易方的价格，减除相同或者类似业务的销售毛利进行定价的方法；

（三）成本加成法，是指按照成本加合理的费用和利润进行定价的方法；

（四）交易净利润法，是指按照没有关联关系的交易各方进行相同或者类似业务往来取得的净利润水平确定利润的方法；

（五）利润分割法，是指将企业与其关联方的合并利润或者亏损在各方之间采用合理标准进行分配的方法；

（六）其他符合独立交易原则的方法。

特别纳税调整实施办法（试行）

第二十三条 可比非受控价格法以非关联方之间进行的与关联交易相同或类似业务活动所收取的价格作为关联交易的公平成交价格。

可比性分析应特别考察关联交易与非关联交易在交易资产或劳务的特性、合同条款及经济环境上的差异，按照不同交易类型具体包括如下内容：

（一）有形资产的购销或转让

1. 购销或转让过程，包括交易的时间与地点、交货条件、交货手续、支付条件、交易数量、售后服务的时间和地点等；

2. 购销或转让环节，包括出厂环节、批发环节、零售环节、出口环节等；

3. 购销或转让货物，包括品名、品牌、规格、型号、性能、结构、外型、包装等；

4. 购销或转让环境，包括民族风俗、消费者偏好、政局稳定程度以及财政、税收、外汇政策等。

（二）有形资产的使用

1. 资产的性能、规格、型号、结构、类型、折旧方法；

2. 提供使用权的时间、期限、地点；

3. 资产所有者对资产的投资支出、维修费用等。

（三）无形资产的转让和使用

1. 无形资产类别、用途、适用行业、预期收益；

2. 无形资产的开发投资、转让条件、独占程度、受有关国家法律保护的程度及期限、受让成本和费用、功能风险情况、可替代性等。

（四）融通资金：融资的金额、币种、期限、担保、融资人的资信、还款方式、计息方法等。

（五）提供劳务：业务性质、技术要求、专业水准、承担责任、付款条件和方式、直接和间接成本等。

关联交易与非关联交易之间在以上方面存在重大差异的，应就该差异对价格的影响进行合理调整，无法合理调整的，应根据本章规定选择其他合理的转让定价方法。

可比非受控价格法可以适用于所有类型的关联交易。

▶ 2. 如何适用一般反避税条款？

【宣讲要点】

企业所得税法借鉴了国外立法经验，将一般反避税条款作为兜底的补充性条款，主要目的在于打击和遏制以规避税收为主要目的，其他反避税措施又无法涉及的避税行为。如果对主要目的是为了获取税收利益而并非出于正常商业目的的安排不进行制约，势必造成对其他企业的不公平，破坏公平市场环境。一般反避税条款用以弥补特别反避税条款的不足，有利于增强税法的威慑力。

一般反避税条款规定对不具有合理商业目的的安排进行调整，是指税务机关有权对以减少、免除或者推迟缴纳税款为主要目的的安排进行调整。

不具有合理商业目的的安排通常具有以下特征：（1）必须存在一个安排，即人为规划的一个或一系列行动或交易；（2）企业必须从该安排中获取“税收利益”，即减少企业的应纳税收入或者所得额；（3）企业获取税收利益是其安排的主要目的。

满足以上三个特征，可推断该安排已经构成了避税事实。实践中常见的避税行为包括如下几个：（1）滥用税收优惠；（2）滥用税收协定；（3）滥用公司组织形式；（4）利用避税港避税；（5）其他不具有合理商业目的的安排。

税务机关应按照实质重于形式的原则审核企业是否存在避税安排，并综合考虑安排的以下内容：（1）安排的形式和实质；（2）安排订立的时间和执行期间；（3）安排实现的方式；（4）安排各个步骤或组成部分之间的联系；（5）安排涉及各方财务状况的变化；（6）安排的税收结果。

税务机关应按照经济实质对企业的避税安排重新定性，取消企业从避税安排获得的税收利益。对于没有经济实质的企业，特别是设在避税港并导致其关联方或非关联方避税的企业，可在税收上否定该企业的存在。

税务机关启动一般反避税调查时，应按照征管法及其实施细则的有关规定向企业送达《税务检查通知书》。企业应自收到通知书之日起60日内提供资料证明其安排具有合理的商业目的。企业未在规定期限内提供资料，或提供资料不能证明安排具有合理商业目的的，税务机关可根据已掌握的信息实施纳税调整，并向企业送达《特别纳税调查调整通知书》。税务机关实施一般反避税调查，可按照税收征收管理法第57条的规定要求避税安排的筹划方如实提供有关资料及证明材料。一般反避税调查及调整须呈报国家税务总局批准。

【典型案例】

MRS 公司 2007 年 3 月 15 日注册于巴巴多斯，未在中国设立办公地点，投资方为美国 HP 公司，主要业务是专注于房地产及与房地产相关的产业。2008 年 3 月，MRS 公司又在西安市设立 HP 置业有限公司，之后购置了大量房地产。2010 年 9 月，该公司将其持有的西安 HP 置业有限公司 100% 的股权转让给西安 HH 购物中心有限公司，转让收益超过 4 亿元人民币。2010 年 12 月，MRS 公司依据《中华人民共和国政府和巴巴多斯政府关于对所得避免双重征税和防止偷漏税的协定》（注：该协定于 2010 年修订，并在 2011 年实施，由于本案股权转让发生在修订协议实施前，故依据的是修订前的协定）所述“财产以外的其他财产取得的收益，应仅在转让者为其居民的缔约国征税”的规定，向西安市地税局曲江分局提出享受税收协定待遇申请。

2011 年 5 月 29 日，西安市地税局曲江分局发出《税务事项通知书》，要求该公司提供相关材料。随后，税务人员审核了大量的证据资料，发现众多避税疑点：一是经营范围受限，MRS 公司不得在巴巴多斯进行任何经营；二是未发生运营成本，其财务报表显示，自成立以来，其“人工成本”“管理费用”“董事费”项目均为零；三是实际业务仅一项，MRS 公司成立后仅仅从事了一项业务，就是在我国投资设立西安 HP 置业有限公司，购买房地产后转让股权。MRS 公司获利 4.5 亿人民币，数额巨大，而其资产、规模和人员配置与所得不匹配。

据此，地税机关认为，MRS 公司为美国 HP 公司为了投资中国而在巴巴多斯设立的导管公司，旨在利用中巴税收协定逃避在华纳税义务。故 MRS 公司 4.5 亿元人民币为应税所得，应在中国纳税；并且中国有优先征税权，税率为 10%，企业所得税为 4000 多万元。

陕西省地税局上下联动，成立了专项调查小组，对此项股权转让情况展开了调查取证，逐步明确了工作方案。专项调查小组与 MRS 公司多次约谈，仍然存在严重分歧，无法达成共识。正值工作陷入僵局之时，专项调查小组得到国家税务总局国际税务司的大力支持，帮助专案组联系到我国驻国际联合反避税信息中心（JITSIC）英国伦敦办公室代表。通过与我国常驻代表多次沟通和分析案情，又从美国税务当局取得了关键性的证据：MRS公司在美国主动选择成为“不被认可的境外实体”。这样MRS公司在美国税收上不被视为独立的巴巴多斯公司，而是美国HP公司的一部分，其所有支付给MRS公司的款项均被视为支付给其美国母公司的款项，并已将该项股权转让收益于2010年向美国申报。同时，美国国内收入署尊重中方税务当局优先行使来源国征税权。

这些证据进一步支持了专案组的初步判断，并与已掌握的证据一起形成了完整的证据链，有效识别和遏制了该纳税人试图利用两国税法差异和税收信息交换的局限性而实施的不良税收筹划。

最终，MRS公司的代表表态，承认存在避税的事实，认可特别纳税调整决定，主动申报缴纳了税款。

【专家评析】

本案涉及税务机关一般反避税调查。根据企业所得税法第47条，企业实施其他不具有合理商业目的的安排而减少其应纳税收入或者所得额的，税务机关有权按照合理方法调整。该条作为兜底条款，对滥用税收优惠、滥用税收协定、滥用公司组织形式、利用避税港避税等不具有合理商业目的的安排进行调整。本案中MRS公司为美国HP公司为了投资中国而在巴巴多斯设立的导管公司，旨在利用中巴税收协定逃避在华纳税义务。MRS公司利用中巴税收协议进行避税的行为可以从MRS公司的业务活动情况看出，其虽然在巴巴多斯注册，但在该国没有进行任何经营，也没有发生任何经营成本，成立后仅仅从事了一项业务，就是在我国投资设立西安HP置业有限公司，购买地产后转让股权。该项业务使MRS公司获利4.5亿人民币，数额巨大，而其资产、规模和人员配置与所得不匹配。随后，该公司即利用中巴原税收协定主张在中国免税，可见该公司的业务安排主要是为了免除纳税义务，因而不具有合理商业目的。

最终，陕西地税局通过调查取证，证明了MRS公司的不正当目的，有力打击了 MRS 公司的避税行为，维护我国税收权益。

【法条指引】

中华人民共和国企业所得税法

第四十七条　企业实施其他不具有合理商业目的的安排而减少其应纳税收入或者所得额的，税务机关有权按照合理方法调整。

企业所得税法实施条例

第一百二十条　企业所得税法第四十七条所称不具有合理商业目的，是指以减少、免除或者推迟缴纳税款为主要目的。

第八章
企业所得税的征收与管理

▶ 1. 企业如何交纳所得税?

【宣讲要点】

企业应在规定的纳税地点，规定纳税期限内，按照法定方式交纳企业所得税。

（1）纳税地点。企业所得税法对居民企业和非居民企业的纳税地点作出了明确规定。对居民企业而言，除税收法律、行政法规另有规定外，居民企业以企业登记注册地为纳税地点；但登记注册地在境外的，以实际管理机构所在地为纳税地点。其中，企业登记注册地，是指企业依照国家有关规定登记注册的住所地。

非居民企业取得其在中国所设机构、场所来源于中国境内的所得，以及发生在中国境外但与其所设机构、场所有实际联系的所得，以机构、场所所在地为纳税地点。非居民企业在中国境内设立两个或者两个以上机构、场所的，经税务机关审核批准，可以选择由其主要机构、场所汇总缴纳企业所得税。其中，“主要机构、场所”，应当同时符合下列条件：①对其他各机构、场所的生产经营活动负有监督管理责任；②设有完整的账簿、凭证，能够准确反映各机构、场所的收入、成本、费用和盈亏情况。“经税务机关审核批准”，是指经各机构、场所所在地税务机关的共同上级税务机关审核批准。

非居民企业在中国境内未设立机构、场所的，或者虽设立机构、场所但取得的所得与其所设机构、场所没有实际联系的，就其来源于中国境内的所得，以扣缴义务人所在地为纳税地点。

（2）纳税期限。企业所得税的纳税年度自公历 1 月 1 日起至 12 月 31 日止。企业在一个纳税年度中间开业，或者由于合并、关闭等原因终止经营活动，使该纳税年度的实际经营期不足 12 个月的，应当以其实际经营期为一个纳税年度。企业依法清算时，应当以清算期间作为一个纳税年度。

企业应当自年度终了之日起 5 个月内，向税务机关报送年度企业所得税纳税申报表，并汇算清缴，结清应缴应退税款。企业在年度中间终止经营活动的，应当自实际经营终止之日起 60 日内，向税务机关办理当期企业所得税汇算清缴。企业应当在办理注销登记前，就其清算所得向税务机关申报并依法缴纳企业所得税。

（3）征收方法。企业所得税实行按年计征，分月或者分季预缴，年终汇算清缴，多退少补的征收方法。

分月或者分季预缴的，企业应当自月份或者季度终了之日起 15 日内，向税务机关报送预缴企业所得税纳税申报表，预缴税款。企业按月或季度预缴应当按照月度或者季度的实际利润额预缴；按照月度或者季度的实际利润额预缴有困难的，可以按照上一纳税年度应纳税所得额的月度或者季度平均额预缴，或者按照经税务机关认可的其他方法预缴。预缴方法一经确定，该纳税年度内不得随意变更。

企业在报送企业所得税纳税申报表时，应当按照规定附送财务会计报告和其他有关资料。并且，企业在纳税年度内无论盈利或者亏损，都应当依照企业所得税法第 54 条规定的期限，向税务机关报送预缴企业所得税纳税申报表、年度企业所得税纳税申报表、财务会计报告和税务机关规定应当报送的其他有关资料。

依照企业所得税法缴纳的企业所得税，以人民币计算。所得以人民币以外的货币计算的，应当折合成人民币计算并缴纳税款。其中折合率的确定如下：（1）预缴企业所得税时，应当按照月度或者季度最后一日的人民币汇率中间价，折合成人民币计算应纳税所得额；（2）年度终了汇算清缴时，对已经按照月度或者季度预缴税款的，不再重新折合计算，只就该纳税年度内未缴纳企业所得税的部分，按照纳税年度最后一日的人民币汇率中间价，折合成人民币计算应纳税所得额。

经税务机关检查确认，企业少计或者多计前款规定的所得的，应当按照检查确认补税或者退税时的上一个月最后一日的人民币汇率中间价，将少计或者多计的所得折合成人民币计算应纳税所得额，再计算应补缴或者应退的税款。

【典型案例】

新疆好地方建筑公司成立于2010年1月，登记注册地位于乌鲁木齐市某区，办公地点为该市某区天天大楼。该公司主要从事大楼的装修业务，2011年3月账目结算，盈利100余万元。2011年5月，当地税务部门找到好地方建筑公司负责人王某，要求其缴纳企业所得税。王某辩称其公司与隔壁好江南公司合并纳税，自己已经履行过了纳税义务。本案中好地方建筑公司哪些做法不正确？其应当如何缴纳企业所得税？

【专家评析】

本案主要涉及企业所得税的征收方法及地点、期限等问题。

（1）企业所得税的征收方法。企业所得税实行按年计算，分月或者分季预缴，年终汇算清缴，多退少补的征收方法。同时企业所得税法第52条规定，除国务院另有规定外，企业之间不得合并缴纳企业所得税。本案中好地方建筑公司与好江南公司合并纳税不符合税法规定，应按照税法规定申报纳税。

（2）企业所得税的纳税地点。企业所得税法及其实施条例对居民企业和非居民企业的纳税地点都做出了明确规定。本案中，好地方建筑公司依照我国法律在我国境内设立，因此是居民企业。根据企业所得税法第50条规定，除税收法律、行政法规另有规定外，居民企业以企业登记注册地为纳税地点；但登记注册地在境外的，以实际管理机构所在地为纳税地点。

结合案情信息，好地方建筑公司的纳税地点为乌鲁木齐市某区。

(3) 企业所得税纳税申报期限。根据企业所得税法第54条的规定，好地方建筑公司应当自月份或者季度终了之日起15日内，向税务机关报送预缴企业所得税纳税申报表，预缴税款。自年度终了之日起5个月内，向税务机关报送年度企业所得税纳税申报表，并汇算清缴，结清应缴应退税款。企业在报送企业所得税纳税申报表时，应当按照规定附送财务会计报告和其他有关资料。

本案中，好地方建筑公司在次年5月仍未缴纳税款，已在拖延缴纳，必须及时补缴，并根据规定缴纳税收滞纳金。

【法条指引】

中华人民共和国企业所得税法

第五十条　除税收法律、行政法规另有规定外，居民企业以企业登记注册地为纳税地点；但登记注册地在境外的，以实际管理机构所在地为纳税地点。

居民企业在中国境内设立不具有法人资格的营业机构的，应当汇总计算并缴纳企业所得税。

第五十二条　除国务院另有规定外，企业之间不得合并缴纳企业所得税。

第五十四条　企业所得税分月或者分季预缴。

企业应当自月份或者季度终了之日起十五日内，向税务机关报送预缴企业所得税纳税申报表，预缴税款。

企业应当自年度终了之日起五个月内，向税务机关报送年度企业所得税纳税申报表，并汇算清缴，结清应缴应退税款。

企业在报送企业所得税纳税申报表时，应当按照规定附送财务会计报告和其他有关资料。

企业所得税法实施条例

第一百二十四条　企业所得税法第五十条所称企业登记注册地，是指企业依照国家有关规定登记注册的住所地。

中华人民共和国税收征收管理法

第六十二条 纳税人未按照规定的期限办理纳税申报和报送纳税资料的，或者扣缴义务人未按照规定的期限向税务机关报送代扣代缴、代收代缴税款报告表和有关资料的，由税务机关责令限期改正，可以处二千元以下的罚款；情节严重的，可以处二千元以上一万元以下的罚款。

第六十五条 纳税人欠缴应纳税款，采取转移或者隐匿财产的手段，妨碍税务机关追缴欠缴的税款的，由税务机关追缴欠缴的税款、滞纳金，并处欠缴税款百分之五十以上五倍以下的罚款；构成犯罪的，依法追究刑事责任。

▶ 2. 对非居民企业如何进行源泉扣缴?

【宣讲要点】

源泉扣缴主要针对依照外国（地区）法律成立且实际管理机构不在中国境内，但在中国境内未设立机构、场所且有来源于中国境内所得的企业，以及虽设立机构、场所但取得的所得与其所设机构、场所没有实际联系的企业实施。可见，源泉扣缴适用的主体是非居民企业，由于非居民企业在中国境内没有设立机构、场所或取得的所得与所设机构、场所没有实际联系，为了保障对其源于我国境内的所得征收企业所得税，采取源泉扣缴的方式。即以支付人为扣缴义务人，税款由扣缴义务人在每次支付或者到期应支付时，从支付或者到期应支付的款项中扣缴。

支付人，是指依照有关法律规定或者合同约定对非居民企业直接负有支付相关款项义务的单位或者个人。支付包括现金支付、汇拨支付、转账支付和权益兑价支付等货币支付和非货币支付。到期应支付的款项，是指支付人按照权责发生制原则应当计入相关成本、费用的应付款项。

企业所得税法中规定有法定源泉扣缴和指定源泉扣缴两种情况。

（1）法定源泉扣缴。法定源泉扣缴是指对非居民企业在中国境内未设立机构、场所的，或者虽设立机构、场所但取得的所得与其所设机构、场所没有实际联系的，来源于中国境内的所得，实行源泉扣缴，以支付人为扣缴义务人。

上述情形的所得，按照下列方法计算其应纳税所得额：①股息、红利等权益性投资收益和利息、租金、特许权使用费所得，以收入全额为应纳税所得额；②转让财产所得，以收入全额减除财产净值后的余额为应纳税所得额；③其他所得，参照前两项规定的方法计算应纳税所得额。

（2）指定源泉扣缴。对非居民企业在中国境内取得工程作业和劳务所得应缴纳的所得税，税务机关可以指定工程价款或者劳务费的支付人为扣缴义务人。可以指定扣缴义务人的情形，包括：①预计工程作业或者提供劳务期限不足一个纳税年度，且有证据表明不履行纳税义务的；②没有办理税务登记或者临时税务登记，且未委托中国境内的代理人履行纳税义务的；③未按照规定期限办理企业所得税纳税申报或者预缴申报的。

上述规定的扣缴义务人，由县级以上税务机关指定，并同时告知扣缴义务人所扣税款的计算依据、计算方法、扣缴期限和扣缴方式。

【典型案例】

英华公司为一家总部在美国的外国公司，在中国境内没有设立分支机构和场所。2012 年，英华公司销售一批货物给位于中国国内的国华公司，对该笔所得，应以何种方式向英华公司征收企业所得税？

【专家评析】

本案中英华公司是总部在美国的外国公司，在中国境内没有分支机构，因此属于非居民企业，其在我国境内销售货物所得属于企业所得税法第 3 条第 3 款规定的所得，应实施源泉扣缴。以支付人为扣缴义务人，税款由扣缴义务人在每次支付或者到期应支付时，从支付或者到期应支付的款项中扣缴。

根据《企业所得税法实施条例》第 104 条规定，支付人，是指依照有关法律规定或者合同约定对非居民企业直接负有支付相关款项义务的单位或者个人。本案中，国华公司作为购买方对英华公司有支付义务，故国华公司为支付人，也就是扣缴义务人。结合上一问题关于纳税地点的规定，由国华公司在其所在地代为缴纳企业所得税。另外，根据企业所得税法第39条规定，若国华公司未依法扣缴或者无法履行扣缴义务，由英华公司在所得发生地缴纳。英华公司未依法缴纳的，税务机关可以从该纳税人在中国境内其他收入项目的支付人应付的款项中，追缴该纳税人的应纳税款。

【法条指引】

中华人民共和国企业所得税法

第三条第三款 非居民企业在中国境内未设立机构、场所的，或者虽设立机构、场所但取得的所得与其所设机构、场所没有实际联系的，应当就其来源于中国境内的所得缴纳企业所得税。

第三十七条 对非居民企业取得本法第三条第三款规定的所得应缴纳的所得税，实行源泉扣缴，以支付人为扣缴义务人。税款由扣缴义务人在每次支付或者到期应支付时，从支付或者到期应支付的款项中扣缴。

第三十九条 依照本法第三十七条、第三十八条规定应当扣缴的所得税，扣缴义务人未依法扣缴或者无法履行扣缴义务的，由纳税人在所得发生地缴纳。纳税人未依法缴纳的，税务机关可以从该纳税人在中国境内其他收入项目的支付人应付的款项中，追缴该纳税人的应纳税款。

第五十一条第二款 非居民企业取得本法第三条第三款规定的所得，以扣缴义务人所在地为纳税地点。

企业所得税法实施条例

第七条 企业所得税法第三条所称来源于中国境内、境外的所得，按照以下原则确定：

（一）销售货物所得，按照交易活动发生地确定；

（二）提供劳务所得，按照劳务发生地确定；

（三）转让财产所得，不动产转让所得按照不动产所在地确定，动产转让所得按照转让动产的企业或者机构、场所所在地确定，权益性投资资产转让所得按照被投资企业所在地确定；

（四）股息、红利等权益性投资所得，按照分配所得的企业所在地确定；

（五）利息所得、租金所得、特许权使用费所得，按照负担、支付所得的企业或者机构、场所所在地确定，或者按照负担、支付所得的个人的住所地确定；

（六）其他所得，由国务院财政、税务主管部门确定。

第一百零四条　企业所得税法第三十七条所称支付人，是指依照有关法律规定或者合同约定对非居民企业直接负有支付相关款项义务的单位或者个人。

第一百零七条　企业所得税法第三十九条所称所得发生地，是指依照本条例第七条规定的原则确定的所得发生地。在中国境内存在多处所得发生地的，由纳税人选择其中之一申报缴纳企业所得税。

第一百零八条　企业所得税法第三十九条所称该纳税人在中国境内其他收入，是指该纳税人在中国境内取得的其他各种来源的收入。

税务机关在追缴该纳税人应纳税款时，应当将追缴理由、追缴数额、缴纳期限和缴纳方式等告知该纳税人。

▶ 3. 新增企业所得税征管范围是什么？

【宣讲要点】

由于2008年我国对企业所得税法进行了修订，国家税务总局当年颁布《关于调整新增企业所得税征管范围问题的通知》，规定了2009年以后新增企业的所得税征管范围调整事项。即以2008年为基年，2008年年底之前国家税务局、地方税务局各自管理的企业所得税纳税人不作调整。2009年起新增企业所得税纳税人中，应缴纳增值税的企业，其企业所得税由国家税务局管理；应缴纳营业税的企业，其企业所得税由地方税务局管理。此处，2009 年起新增企业，是指按照《财政部 国家税务总局关于享受企业所得税优惠政策的新办企业认定标准的通知》及有关规定的新办企业认定标准成立的企业。

同时，2009 年起下列新增企业的所得税征管范围实行以下规定：

（1）企业所得税全额为中央收入的企业和在国家税务局缴纳营业税的企业，其企业所得税由国家税务局管理。

（2）银行（信用社）、保险公司的企业所得税由国家税务局管理，除上述规定外的其他各类金融企业的企业所得税由地方税务局管理。

（3）外商投资企业和外国企业常驻代表机构的企业所得税仍由国家税务局管理。

2008 年年底之前已成立跨区经营汇总纳税企业，从 2009 年起新设立的分支机构，其企业所得税的征管部门应与总机构企业所得税征管部门相一致；从 2009 年起新增跨区经营汇总纳税企业，总机构按基本规定确定的原则划分征管归属，其分支机构企业所得税的管理部门也应与总机构企业所得税管理部门相一致。按税法规定免缴流转税的企业，按其免缴的流转税税种确定企业所得税征管归属；既不缴纳增值税也不缴纳营业税的企业，其企业所得税暂由地方税务局管理。既缴纳增值税又缴纳营业税的企业，原则上按照其税务登记时自行申报的主营业务应缴纳的流转税税种确定征管归属；企业税务登记时无法确定主营业务的，一般以工商登记注明的第一项业务为准；一经确定，原则上不再调整。

【典型案例】

金燕公司是位于浙江省的一家从事商品零售业务的公司，金燕公司在江苏省设立了一家分公司，负责金燕公司商品在江苏省的运输业务。海角公司是一家从事建筑业务的公司，爱华公司是一家从事养殖业生产的公司，中天公司是一家保险公司。以上公司都成立于 2010 年，这些公司企业所得税的征管机构是国税局还是地税局？

【专家评析】

本案主要涉及2009年后新增企业的企业所得税征收管理范围问题。根据《国家税务总局关于调整新增企业所得税征管范围问题的通知》（以下简称《通知》），2009年起新增企业所得税纳税人中，应缴纳增值税的企业，其企业所得税由国家税务局管理；应缴纳营业税的企业，其企业所得税由地方税务局管理。同时，2009年起，企业所得税全额为中央收入的企业和在国家税务局缴纳营业税的企业，其企业所得税由国家税务局管理。银行（信用社）、保险公司的企业所得税由国家税务局管理，除上述规定外的其他各类金融企业的企业所得税由地方税务局管理。外商投资企业和外国企业常驻代表机构的企业所得税仍由国家税务局管理。

本案中各公司都成立于2010年，即都属于2009年后新增企业，故征管机构按照前述通知的规定确定。

本案中，金燕公司从事商品零售业务，缴纳增值税，因此征管机构是国税局。金燕公司的分公司也设立于2009年之后，根据《通知》规定，2009年起新增跨区经营汇总纳税企业，总机构按基本规定确定的原则划分征管归属，其分支机构企业所得税的管理部门也应与总机构企业所得税管理部门相一致，故其征管机构与总公司金燕公司相同。

海角公司从事建筑业务，缴纳营业税，故征管机构为地税局。爱华公司从事养殖业，缴纳增值税，故征管机构是国税局。中天公司是保险公司，《通知》规定其直接由国税局管理。

【法条指引】

国家税务总局关于调整新增企业所得税征管范围问题的通知

一、基本规定

以2008年为基年，2008年底之前国家税务局、地方税务局各自管理的企业所得税纳税人不作调整。2009年起新增企业所得税纳税人中，应缴纳增值税的企业，其企业所得税由国家税务局管理；应缴纳营业税的企业，其企业所得税由地方税务局管理。

同时，2009 年起下列新增企业的所得税征管范围实行以下规定：

（一）企业所得税全额为中央收入的企业和在国家税务局缴纳营业税的企业，其企业所得税由国家税务局管理。

（二）银行（信用社）、保险公司的企业所得税由国家税务局管理，除上述规定外的其他各类金融企业的企业所得税由地方税务局管理。

（三）外商投资企业和外国企业常驻代表机构的企业所得税仍由国家税务局管理。

……

第二编　税收征收管理法

第一章
总　　则

▶ 1. 什么是征税权？

【宣讲要点】

为了防止税收征收机关随意收税、滥月权力多收税，我们首先要明确税收权的法律依据。根据我国目前的法律规定，税收权的法律依据主要有两个：第一个是法律，即全国人大及其常委会制定的法律；第二个是经法律授权的国务院制定的行政法规。根据税收法定的原则，只有法律及法律授权的国务院制定的行政法规才有权力对税收的开征、停征以及减税、免税、退税、补税事宜作出相关规定。纳税人在缴税之前，应该先行搞清楚行政机关作出的税收行政行为是否符合法律规定，以便更好地维护自己的合法权益。

【典型案例】

2010年3月22日，江城石油公司、江城运业公司、赵某与陈某签订《加油站转让协议》，约定在办理加油站资产及经营手续的过户事宜过程中，双方确定以股权转让的方式实现：即由江城石油公司将加油站资产从江城石油公司剥离出来成立夏扬石油公司，并完善该公司的相关资质及工商登记手续后办理股权转让方式实现，如因相关管理部门手续的需要，要求双方或江城石油公司的法定代表人、股东签订相关协议（标准股权转让协议或为登记备案需要专门协议）时，双方及江城石油公司的法定代表人、股东可以签订，但此类协议仅供登记使用，双方的权利义务仍以本协议约定为准，除非在新签订的协议中明确与本协议相冲突的条款以新签订协议为准的除外。登记之夏扬石油公司股权转让金额以夏扬石油公司工商登记注册资金（不低于100万元）略有溢价为准，不以本合同转让总价金为准，仅为登记有效。办理加油站为独立法人及所有资产过户手续及加油站经营手续过户所有税费由江城石油公司负责，但本合同约定之转让总价金额超出登记的股权转让金额的部分，如果产生税费由双方各承担50%。

江城石油公司、江城运业公司、赵某向一审法院提起诉讼，请求依法确认2010年3月22日签订的《加油站转让协议》无效。主要事实和理由：江城石油公司、江城运业公司、赵某与陈某签订的《加油站转让协议》约定了买卖加油站的经营手续，该约定违反法律禁止性规定。因该加油站的土地，实际有约400平方米不在江城石油公司名下，江城石油公司与陈某无权约定予以买卖。双方以合法形式掩盖非法目的，以虚假的股权转让价格进行交易，试图逃避国家税收，违反法律禁止性规定。只以实物加油站出资设立公司，不符合法定出资条件，根本不能设立夏扬石油公司。该加油站目前尚未竣工，更未办理房屋的房地产权证，不具备转让的条件。综上，《加油站转让协议》应确认为无效协议。

【专家评析】

关于转让协议约定加油站资产转让以股权转让方式实现是否存在逃避国家税收、违反税法强制性规定的问题。根据税收征收管理法第3条规定："税收的开征、停征以及减税、免税、退税、补税，依照法律的规定执行；法律授权国务院规定的，依照国务院制定的行政法规的规定执行。任何机关、单位和个人不得违反法律、行政法规的规定，擅自作出税收开征、停征以及减税、免税、退税、补税和其他同税收法律、行政法规相抵触的决定。"我国法律确立了税收法定原则。我国税法已经就各种情形下税种的设置、税费的征收进行了明确规定，并没有对公司资产转让以股权转让方式实现作出任何特别的规定。按照税收法定主义，当事人选择以上各种不同的形式来安排自己的行为，从而进行相关纳税都不违法。故本案双方当事人约定加油站资产转让以股权转让方式实现并不存在逃避国家税收，违反税法强制性规定的问题。综上，《加油站转让协议》并不存在违反法律、行政法规的强制性规定之情况。

【法条指引】

中华人民共和国税收征收管理法

第三条 税收的开征、停征以及减税、免税、退税、补税，依照法律的规定执行；法律授权国务院规定的，依照国务院制定的行政法规的规定执行。

任何机关、单位和个人不得违反法律、行政法规的规定，擅自作出税收开征、停征以及减税、免税、退税、补税和其他同税收法律、行政法规相抵触的决定。

税收征收管理法实施细则

第三条 任何部门、单位和个人作出的与税收法律、行政法规相抵触的决定一律无效，税务机关不得执行，并应当向上级税务机关报告。

纳税人应当依照税收法律、行政法规的规定履行纳税义务；其签订的合同、协议等与税收法律、行政法规相抵触的，一律无效。

▶ 2. 什么是纳税人、扣缴义务人？

【宣讲要点】

纳税人是法律、行政法规规定负有纳税义务的单位和个人。单位和个人各自的征税范围不同，具体征税事项需要结合具体的税收实体法律、规定。

扣缴义务人是指法律、行政法规规定负有代扣代缴、代收代缴税款义务的单位和个人。一般情况下代扣代缴、代收代缴税款义务的单位和个人是法律为了方便纳税人交税和方便征税机关征税而设立的，是税收效率原则的体现。

代扣代缴和代收代缴有所区别。代扣代缴指的是支付人在向纳税人支付款项的时候，依法从所支付的款项中直接扣收税款并代为缴纳。如：发工资时，公司都会从中扣除个人所得税，所以拿到手的工资其实是税后的。而代收代缴指的是与纳税人有经济业务往来的单位和个人在向纳税人收取款项时，依法收取税款并代为缴纳。如：在买房子的时候，开发商会向购买人收取契税和印花税。

【典型案例】

美国某航空公司北京办事处成立于1986年12月13日，资本额为54万元。有外籍雇员3名，中方雇员76名。该办事处主要从事航空运输协定规定的业务活动。根据中美税收协定，免征企业所得税、营业税，该办事处于2006年11月11日在税务机关办理了税务登记。税务稽查人员于2007年8月20日至9月25日对美国某航空公司北京办事处2004年1月1日至2007年4月30日缴纳地方各税情况进行了专案检查。

第一，案件的违法事实：

（1）该办事处自2004年1月至2007年4月未按规定代扣代缴中方雇员的个人所得税，应补缴个人所得税640246.59元。

（2）该办事处与国贸中心、首都机场签订的4份房屋租赁合同总金额10191240.00元，未按规定缴纳印花税，应补缴印花税10191.24元；该办事处3名外籍雇员与丽都饭店、巨龙花园、银河宾馆签订的房屋租赁合同总金额2721590.00元，未按规定缴纳印花税，应补缴印花税2721.59元。

第二，案件的处理结果：

（1）根据《中华人民共和国税收征收管理法》规定，扣缴义务人应扣未扣、应收未收税款的，由扣缴义务人缴纳应扣未扣、应收未收税款。其应纳税款按下列公式计算

应纳税所得额 =（支付的收入额 − 费用扣除标准 − 速算扣除数）/（1 − 税率）

应纳税额 = 应纳税所得额 × 适用税率 − 速算扣除数，该办事处应补缴个人所得税 640246.59 元。

（2）根据《中华人民共和国税收征收管理法》规定，对该办事处未按照规定期限向主管税务机关报送《扣缴个人所得税报告表》的行为，处以 2000 元的罚款。

（3）根据《印花税暂行条例》规定，该办事处应补缴印花税 12912.83 元，并处以 3 倍罚款，计 38738.40 元。

【专家评析】

通常情况下，一般个人所得税等单个纳税人税收额度较小的，或者纳税项目比较繁杂的，通常由扣缴义务人、代纳税人进行应纳税额的计算与征收，目的在于方便纳税人，提高征税机关的征收效率。所以扣缴义务人履行法定代扣代缴义务是法律规定的扣缴义务人的法律责任。当扣缴义务人不履行该义务时，则要承担相应的责任。

【法条指引】

中华人民共和国税收征收管理法

第四条 法律、行政法规规定负有纳税义务的单位和个人为纳税人。

法律、行政法规规定负有代扣代缴、代收代缴税款义务的单位和个人为扣缴义务人。

纳税人、扣缴义务人必须依照法律、行政法规的规定缴纳税款、代扣代缴、代收代缴税款。

第六十一条 扣缴义务人未按照规定设置、保管代扣代缴、代收代缴税款帐簿或者保管代扣代缴、代收代缴税款记帐凭证及有关资料的，由税务机关责令限期改正，可以处二千元以下的罚款；情节严重的，处二千元以上五千元以下的罚款。

▶ 3. 纳税人享有哪些权利？

【宣讲要点】

纳税人享有下列权利：

（1）了解税收法规权，这也是税收知情权的体现。

（2）信息受保护权，即税务机关为纳税人、扣缴义务人的情况保密。同时收到检举的机关和负责查处的机关应当为检举人保密。

（3）申请减税、免税、退税的权利。

（4）对税务机关所作出的决定的陈述权、申辩权；申请行政复议、提起行政诉讼、请求国家赔偿等权利。

（5）申请回避权。即与纳税人、扣缴义务人或者税收违法案件有利害关系的税务人员在征收税款和查处税收违法案件时，应当回避。

（6）控告和检举税务机关、税务人员的违法违纪行为的权利。

【典型案例】

2008年7月，国税局稽查部门在对某公司涉税情况进行检查中发现，该公司承接某宾馆中央空调设备及其安装工程决算总额为44万元，但该公司仅对其中央空调销售收入19万元向税务机关申报，对安装收入的25万元以合同转包为由未申报纳税。税务机关依法确认该安装业务收入为增值税混合销售收入，涉及税款、滞纳金和罚款共计7.3万元。并及时发出行政处罚告知书，该公司没有要求听证。税务机关于2008年9月下发了《税务处理决定书》和《行政处罚决定书》。

2009年2月，该公司以“无水电及空调工程安装资质”为由请求人民法院将《建筑工程施工合同》确认无效，终止履行。又于2009年4月23日，以税务机关不应该以无效的合同为确认收入基础、不能确认混合销售为由，向人民法院递交《行政起诉状》，请求法院判令返还税款、滞纳金、罚款7.3万元。

一审法院经审理裁定以其超过诉讼时效为由驳回原告起诉，但该公司认为税务机关没有口头告知其享有行政复议和诉讼的权利，且公司财务负责人盲目签收，根据《最高人民法院关于执行〈中华人民共和国行政诉讼法〉若干问题的解释》的规定，没有超出诉讼时限，向市中级人民法院提起上诉。在二审过程中，上诉人通过法庭辩论和调解，表示服从原审裁定，申请撤回上诉。

【专家评析】

纳税人享有的权利就是税收机关的义务。纳税人对税务机关所作出的决定有陈述权、申辩权；有申请行政复议、提起行政诉讼、请求国家赔偿等权利。但是，纳税人行使上述权利，必须依据法律的规定。比如，提起行政诉讼，必须遵守相关的诉讼时效规定。超过起诉时效，将得不到胜诉的法律后果。

【法条指引】

中华人民共和国税收征收管理法

第八条 纳税人、扣缴义务人有权向税务机关了解国家税收法律、行政法规的规定以及与纳税程序有关的情况。

纳税人、扣缴义务人有权要求税务机关为纳税人、扣缴义务人的情况保密。税务机关应当依法为纳税人、扣缴义务人的情况保密。

纳税人依法享有申请减税、免税、退税的权利。

纳税人、扣缴义务人对税务机关所作出的决定，享有陈述权、申辩权；依法享有申请行政复议、提起行政诉讼、请求国家赔偿等权利。

纳税人、扣缴义务人有权控告和检举税务机关、税务人员的违法违纪行为。

第十二条 税务人员征收税款和查处税收违法案件，与纳税人、扣缴义务人或者税收违法案件有利害关系的，应当回避。

第十三条 任何单位和个人都有权检举违反税收法律、行政法规的行为。收到检举的机关和负责查处的机关应当为检举人保密。税务机关应当按照规定对检举人给予奖励。

税收征收管理法实施细则

第五条 税收征管法第八条所称为纳税人、扣缴义务人保密的情况，是指纳税人、扣缴义务人的商业秘密及个人隐私。纳税人、扣缴义务人的税收违法行为不属于保密范围。

第八条 税务人员在核定应纳税额、调整税收定额、进行税务检查、实施税务行政处罚、办理税务行政复议时，与纳税人、扣缴义务人或者其法定代表人、直接责任人有下列关系之一的，应当回避：

（一）夫妻关系；

（二）直系血亲关系；

（三）三代以内旁系血亲关系；

（四）近姻亲关系；

（五）可能影响公正执法的其他利害关系。

▶ 4. 公民可以对税收违法行为进行检举吗？

【宣讲要点】

税收是每个公民的义务，同样的，严格执行国家的税收法律、法规，维护国家的税收利益和纳税人的合法权益，是税务机关和每个税务人员必须履行的法定义务。在税收征管工作中，如果税务机关和税务人员不能依法征税，甚至进行违法行为，不仅会使国家的利益遭到损害，而且还会损害到税务机关的形象，在社会上造成不良的影响。有鉴于此，除了税务机关必须加强自身内部的制约和监督管理制度建设，并且在机构设置和职能管辖上要做到职责明确利益之外，还要赋予公民监督权，同时为了有效地制止税收违法行为，税务机关必须保障任何单位和个人的检举权得以顺利实施和不受打击报复。

【典型案例】

原告潘某某系南京市栖霞区国土管理局干部，2008年5月20日，向被告南京市地税局征管处电话匿名举报了栖霞区国土管理局地产公司在房地产开发、土地买卖、房屋租赁等经营活动中从未纳税，有严重偷漏税行为，请被告查处。被告接到举报后进行了查处，于2008年7月20日，对地产公司作出税务处理决定书，认定地产公司存在以下问题：（1）预收土地整顿、道路建设等费用100万元，未按照建筑业税收税率的规定申报缴纳营业税、城建税及教育费附加；（2）公司成立后，虽办理了工商登记，但未按规定办理税务登记。根据《中华人民共和国税收征收管理法》的相关规定，作出决定，补交营业税30000元，城建税2100元和教育费附加1200元，同时处以2000元罚款，该税费及罚款合计35300元已于2008年8月20日收缴入库。同年9月原告匿名到江苏省地税局稽查局举报并呈上书面材料及相应证据，省地税局信访交办转至被告处，被告交栖霞区地税局于2009年1月28日作出税务处理决定书，认定地产公司存在以下问题：（1）2006年至2008年度取得土地使用权收入12561028.00元；售房款3023669.10元；房屋出租收入398897.44元，土地整治收入1982000.00元，销售不动产收入4087761.29元，未缴纳营业税、城建税和教育费附加。（2）取得“和燕路”“南地园”房屋出租收入，少缴房产税44267.29元。（3）1994年至1995年投资建“南地园”综合楼、地产公司办公楼未缴房产税161737.52元，根据《中华人民共和国税收征收管理法》等相关法律，依法补征营业税1068027.79元，城建税74411.94元，教育费附加42521.11元，补征房产税206005.21元，补征固定资产投资方向调节税618826.22元，并于2009年2月28日将上述税款收缴入库。2009年7月底，潘某某到栖霞区地税局表明自己的身份后，栖霞区地税局奖励潘某某2000元。

【专家评析】

税收征收管理法规定，任何单位和个人都有权检举违反税收法律、行政法规的行为，税务机关应当为举报人保密，对于检举违反税收法律、行政法规的有功人员，可根据举报人贡献的大小给予相应奖励。税务机关系依法进行税收征收管理的机关，一切部门、组织和个人应当在现行的税收法律范围内活动，并接受监督。对于违反税收法律、法规的行为，国家法律规定任何单位和个人都有权检举，税务机关接到举报后应当立案查处并为举报人保密，税务机关根据检举人提供的证据线索查证属实的，应当按照有关规定给予检举人一定奖励，其目的在于宣传和鼓励社会对税务违法行为进行监督。本案潘某某于2008年5月用电话匿名向被告举报地产公司逃税事宜，同年9月2日匿名到省地税局进一步举报该公司逃税情况。根据潘某某的举报线索，栖霞地税局依法对地产公司作出税务处理决定，补征地产公司营业税、城建税附加税、房产税及固定资产投资方向调节税2004792.27元，现补征税款已全部入库。栖霞区地税局应按有关规定给予原告奖励，但因潘某某系匿名举报，直到次年7月才到栖霞区地税局公开身份并留下寻呼机号码作为与栖霞区地税局联系的唯一方式。栖霞区地税局在办理奖励审批手续后，即通过举报中心公布的电话打寻呼给潘某某，并告之对其奖励2000元。

【法条指引】

中华人民共和国税收征收管理法

第十三条 任何单位和个人都有权检举违反税收法律、行政法规的行为。收到检举的机关和负责查处的机关应当为检举人保密。税务机关应当按照规定对检举人给予奖励。

税收征收管理法实施细则

第七条 税务机关根据检举人的贡献大小给予相应的奖励，奖励所需资金列入税务部门年度预算，单项核定。奖励资金具体使用办法以及奖励标准，由国家税务总局会同财政部制定。

第二章
税务管理

▶ 1. 什么是税务登记？

【宣讲要点】

税务登记是征税工作的第一步。在实践中要注意企业的相关情况及其变动，如企业在外地设立的分支机构和从事生产、经营的场所，个体工商户和从事生产、经营的事业单位的设立和变更，先进行工商登记，再向税务机关申报办理税务登记。而上述从事生产经营的企业注销时，顺序则相反，即先向税务机关申报办理税务登记，再进行工商登记。这符合商事经营活动的规则。另外税收征收管理法第 15 条是 2013 年 6 月修改的法条。将税务机关收到申报，办理登记并发给税务登记证件的日期由 30 日大大缩短为当日。同时，将税务机关的税务登记由审核制改为了注册制。这将极大地提高税务登记的效率，大大方便纳税人。这次改变更加合理，因为税收登记是为将来征税服务的，且只要与工商机关信息共享就可以，没必要要税务机关再审查一遍。所以将税务机关的税务登记由审核制改为注册制是符合税务发展需要的。

【典型案例】

李某系建筑安装人员，自 2005 年 4 月挂靠某建筑公司名下，为当地村民修建房屋，没办理工商执照和税务登记，没有建账，没有使用发票，只是由其挂靠的某建筑公司代为办理施工许可证，每年向该公司交3万元费用，其财务收支也没有纳入其所挂靠的公司核算。税务局通知李某办理纳税事宜，于是李某向税务所进行了申报。2006年年底税务局组织人员对李某实施的所有项目逐一排查，确认其实际收入为3269088.00元，因其资金周转困难进行了虚假的纳税申报，少交营业税10375.35元，城建税6865.08元，交通附加4903.63元，教育费附加2942.18元，个人所得税4036.32元。该辖区地方税务所根据税收征收管理法的规定，认定李某的行为为逃税，追缴税款的同时，加课滞纳金756.69元，罚款10138.75元。①

【专家评析】

本案例属于典型的挂靠主体的税务登记问题，其中李某是挂靠人，某建筑工程公司是被挂靠人。由于建筑承包合同争议内容错综复杂，涉及税收的新问题和新情况较多，导致税务机关处理税收主体时有所争议。本案中的挂靠人是纳税主体，属于税务登记对象中的个体工商户，负有纳税登记的义务。理由如下：

（1）李某虽然没有进行工商登记，但是以个人财产或者家庭财产为经营资本，在法定范围内从事个体经营，且其经营范围为建筑业。因此，依照有关法律规定，李某应当被认定为未办理工商登记的个体工商户，必须依法办理税务登记。李某应当自纳税义务发生之日起30日内办理税务登记。

（2）税收应当实质重于形式，税务机关应当按照实际发生原则认定“地下转包人”为纳税登记主体。

（3）如果将被挂靠人作为征税主体，不具有实践上的可操作性。

（4）实际生活中，凡是从事生产经营的挂靠人，若不具有独立核算的法人主体资格，并且与被挂靠人不具有雇佣关系，均应被认为是纳税主体，属于税务登记中的个体工商户，应当依法履行税务登记义务。

---

① 张怡等编：《税法案例教程》，清华大学出版社2008年版，第207页。

【法条指引】

中华人民共和国税收征收管理法

第十五条　企业，企业在外地设立的分支机构和从事生产、经营的场所，个体工商户和从事生产、经营的事业单位（以下统称从事生产、经营的纳税人）自领取营业执照之日起三十日内，持有关证件，向税务机关申报办理税务登记。税务机关应当于收到申报的当日办理登记并发给税务登记证件。

工商行政管理机关应当将办理登记注册、核发营业执照的情况，定期向税务机关通报。

本条第一款规定以外的纳税人办理税务登记和扣缴义务人办理扣缴税款登记的范围和办法，由国务院规定。

第十六条　从事生产、经营的纳税人，税务登记内容发生变化的，自工商行政管理机关办理变更登记之日起三十日内或者在向工商行政管理机关申请办理注销登记之前，持有关证件向税务机关申报办理变更或者注销税务登记。

第十七条　从事生产、经营的纳税人应当按照国家有关规定，持税务登记证件，在银行或者其他金融机构开立基本存款帐户和其他存款帐户，并将其全部帐号向税务机关报告。

银行和其他金融机构应当在从事生产、经营的纳税人的帐户中登录税务登记证件号码，并在税务登记证件中登录从事生产、经营的纳税人的帐户帐号。

税务机关依法查询从事生产、经营的纳税人开立帐户的情况时，有关银行和其他金融机构应当予以协助。

第十八条　纳税人按照国务院税务主管部门的规定使用税务登记证件。税务登记证件不得转借、涂改、损毁、买卖或者伪造。

税收征收管理法实施细则

第十二条　从事生产、经营的纳税人应当自领取营业执照之日起

30日内，向生产、经营地或者纳税义务发生地的主管税务机关申报办理税务登记，如实填写税务登记表，并按照税务机关的要求提供有关证件、资料。

前款规定以外的纳税人，除国家机关和个人外，应当自纳税义务发生之日起30日内，持有关证件向所在地的主管税务机关申报办理税务登记。

个人所得税的纳税人办理税务登记的办法由国务院另行规定。

税务登记证件的式样，由国家税务总局制定。

第十三条 扣缴义务人应当自扣缴义务发生之日起30日内，向所在地的主管税务机关申报办理扣缴税款登记，领取扣缴税款登记证件；税务机关对已办理税务登记的扣缴义务人，可以只在其税务登记证件上登记扣缴税款事项，不再发给扣缴税款登记证件。

第十四条 纳税人税务登记内容发生变化的，应当自工商行政管理机关或者其他机关办理变更登记之日起30日内，持有关证件向原税务登记机关申报办理变更税务登记。

纳税人税务登记内容发生变化，不需要到工商行政管理机关或者其他机关办理变更登记的，应当自发生变化之日起30日内，持有关证件向原税务登记机关申报办理变更税务登记。

第十五条 纳税人发生解散、破产、撤销以及其他情形，依法终止纳税义务的，应当在向工商行政管理机关或者其他机关办理注销登记前，持有关证件向原税务登记机关申报办理注销税务登记；按照规定不需要在工商行政管理机关或者其他机关办理注册登记的，应当自有关机关批准或者宣告终止之日起15日内，持有关证件向原税务登记机关申报办理注销税务登记。

纳税人因住所、经营地点变动，涉及改变税务登记机关的，应当在向工商行政管理机关或者其他机关申请办理变更或者注销登记前或者住所、经营地点变动前，向原税务登记机关申报办理注销税务登记，并在30日内向迁达地税务机关申报办理税务登记。

纳税人被工商行政管理机关吊销营业执照或者被其他机关予以撤

销登记的，应当自营业执照被吊销或者被撤销登记之日起15日内，向原税务登记机关申报办理注销税务登记。

第二十一条 从事生产、经营的纳税人到外县（市）临时从事生产、经营活动的，应当持税务登记证副本和所在地税务机关填开的外出经营活动税收管理证明，向营业地税务机关报验登记，接受税务管理。

从事生产、经营的纳税人外出经营，在同一地累计超过180天的，应当在营业地办理税务登记手续。

▶ 2. 对账簿、税收凭证管理有什么要求?

【宣讲要点】

税收账簿和税收凭证是征税的依据，是征税工作的第一步。所以，税收账簿和税收凭证的真实、有效是非常重要的。从事生产、经营的纳税人、扣缴义务人必须按照国务院财政、税务主管部门规定的保管期限保管账簿、记账凭证、完税凭证及其他有关资料。账簿、记账凭证、完税凭证及其他有关资料不得伪造、变造或者擅自损毁，否则会涉及逃税的违法行为，就会受到行政处罚，逃税行为严重时会遭到刑事处罚。

同时，单位、个人在购销商品、提供或者接受经营服务以及从事其他经营活动中，应当按照规定开具、使用、取得发票。全民应树立良好的税收意识，为国家的税收征管工作提供支持。

【典型案例】

某大酒店是2009年新成立的一家合营大酒店，以家庭经营为组织形式。负责人为李某，其妻孙某帮助其经营。2010年经群众举报该酒店有违规使用发票行为，并采取隐蔽的手段偷税，数额巨大。经查存在以下问题：第一，该酒店设置两套账簿。一套用于酒店内部核算，另一套是虚假账簿，隐匿了大部分收入。经查证核实，该酒店偷逃税款数额巨大。第二，该酒店违规使用发票。发票借入方为某餐厅，自开业之日起，该餐厅没有办理营业执照和税务登记，某餐厅出资人为陈某，由于其经常在外，故该餐厅的实际经营管理由其好友齐某负责。又因该餐厅没有办理税务登记，所以没有领购发票。消费者索要发票时，齐某向好友孙某借了两本面额50元的定额发票，总计金额5000元，所借发票均已用完。向他人借用发票的情况，陈某不知情。发票借出方为孙某，该酒店按照规定办理了工商登记和税务登记，并领有餐饮业发票。当某餐厅管理人员齐某向孙某借饮食业发票时，孙某不知属于违法行为借与了齐某。另查，案发前李某对此不知情。

【专家评析】

首先，关于该酒店设置两套账簿的问题。该酒店在法定的会计账簿之外私自设立虚假账簿用于应付税务机关和工商机关的监察，属于私设会计账簿的行为。我国会计法第16条规定各单位不得违反有关法律规定私设会计账簿登记、核算，禁止设置两套账簿。同时税收征收管理法第19条规定了纳税人、扣缴义务人依法设置账簿的义务，可见该酒店设置两套账簿的行为是违法行为，同时违反了会计法和税收征收管理法。

其次，关于该酒店违规使用发票的行为。这里存在两个问题。第一个问题是由于某餐厅还未办理营业执照和税务登记，对某餐厅管理员向他人借入发票的行为，其违法主体是谁？结合法律，违法主体应该是陈某。因为陈某是出资人，餐厅管理员是陈某雇佣的员工，其借入他人发票的行为属于职务行为，雇主应当对雇员的职务行为负责，所以，由出资人承担责任。至于雇员不经请示就向他人借入发票的行为，属于企业内部管理问题，陈某可以按照餐厅内部管理制度对雇员追究责任。第二个问题是该酒店个体经营者李某不知其妻子将发票借给他人，李某的行为怎么认定？虽然李某没有按规定建立发票管理制度，未保管好发票，导致发票外流，但是对于因管理不善导致发票外卖或者外借的情形，《发票管理办法》《税收征收管理法实施细则》对此已作了特别规定。所以李某的行为是未按规定转借发票的违法行为。

【法条指引】

中华人民共和国税收征收管理法

第十九条 纳税人、扣缴义务人按照有关法律、行政法规和国务院财政、税务主管部门的规定设置帐簿，根据合法、有效凭证记帐，进行核算。

第二十条 从事生产、经营的纳税人的财务、会计制度或者财务、会计处理办法和会计核算软件，应当报送税务机关备案。

纳税人、扣缴义务人的财务、会计制度或者财务、会计处理办法与国务院或者国务院财政、税务主管部门有关税收的规定抵触的，依照国务院或者国务院财政、税务主管部门有关税收的规定计算应纳税款、代扣代缴和代收代缴税款。

第二十一条 税务机关是发票的主管机关，负责发票印制、领购、开具、取得、保管、缴销的管理和监督。

单位、个人在购销商品、提供或者接受经营服务以及从事其他经营活动中，应当按照规定开具、使用、取得发票。

发票的管理办法由国务院规定。

第二十四条 从事生产、经营的纳税人、扣缴义务人必须按照国务院财政、税务主管部门规定的保管期限保管帐簿、记帐凭证、完税凭证及其他有关资料。

帐簿、记帐凭证、完税凭证及其他有关资料不得伪造、变造或者擅自损毁。

第六十三条 纳税人伪造、变造、隐匿、擅自销毁帐簿、记帐凭证，或者在帐簿上多列支出或者不列、少列收入，或者经税务机关通知申报而拒不申报或者进行虚假的纳税申报，不缴或者少缴应纳税款的，是偷税。对纳税人偷税的，由税务机关追缴其不缴或者少缴的税款、滞纳金，并处不缴或者少缴的税款百分之五十以上五倍以下的罚款；构成犯罪的，依法追究刑事责任。

扣缴义务人采取前款所列手段，不缴或者少缴已扣、已收税款，由税务机关追缴其不缴或者少缴的税款、滞纳金，并处不缴或者少缴的税款百分之五十以上五倍以下的罚款；构成犯罪的，依法追究刑事责任。

中华人民共和国会计法

第十六条 各单位发生的各项经济业务事项应当在依法设置的会计帐簿上统一登记、核算，不得违反本法和国家统一的会计制度的规定私设会计帐簿登记、核算。

税收征收管理法实施细则

第二十二条 从事生产、经营的纳税人应当自领取营业执照或者发生纳税义务之日起15日内，按照国家有关规定设置账簿。

前款所称账簿，是指总账、明细账、日记账以及其他辅助性账簿。总账、日记账应当采用订本式。

第二十三条 生产、经营规模小又确无建账能力的纳税人，可以聘请经批准从事会计代理记账业务的专业机构或者经税务机关认可的财会人员代为建账和办理账务。

第二十四条 从事生产、经营的纳税人应当自领取税务登记证件之日起15日内，将其财务、会计制度或者财务、会计处理办法报送主管税务机关备案。

纳税人使用计算机记账的，应当在使用前将会计电算化系统的会计核算软件、使用说明书及有关资料报送主管税务机关备案。

纳税人建立的会计电算化系统应当符合国家有关规定，并能正确、完整核算其收入或者所得。

第二十九条 账簿、记账凭证、报表、完税凭证、发票、出口凭证以及其他有关涉税资料应当合法、真实、完整。

账簿、记账凭证、报表、完税凭证、发票、出口凭证以及其他有关涉税资料应当保存10年；但是，法律、行政法规另有规定的除外。

▶ 3. 什么是纳税申报?

【宣讲要点】

纳税申报，是指纳税人在税法规定的纳税申报期内，就有关征税事项向税务机关提出书面报告，并经税务机关审核以确定纳税人的纳税义务的一种制度。作为一种税收确定方式，纳税申报制度主要以纳税人的申报为依据，确定纳税人的应纳税额，只有在纳税人未申报或者申报不当的情况下，税务机关才能进行核定或者调整。纳税申报属于税收征收管理的事中控制环节，以自主申报纳税为基础。

【典型案例】

该纳税人是个体工商户，属增值税小规模纳税人，2004 年 6 月后经营某品牌服装在高邮地区专卖。实行定期定额征收，申报月销售额为 7500 元。

稽查人员对该商户实施稽查时，发现该商户虽使用电脑记载日进销存报表，但 2005 年 10 月前的数据已清空。经了解，其总公司在 2005 年 8 月被税务机关查处时，要求各加盟店清空电脑记载的报表数据，各加盟店每日通过手机短信报总公司日销售情况。通过对残存数据进行疏理，掌握了该商户 2005 年 10 月至 12 月的销售数据，于是稽查人员责令该经营业主提供 2004 年 6 月至 2005 年 9 月的销售数据，在稽查人员强大的宣传和威慑下，该商户不得不提供以前的真实备查账册。经查，该商户从 2004 年 6 月至 2005 年 12 月销售额为 1574521.00 元（含税），扣除已申报缴纳的增值税 5700 元，应补增值税 54858.5 元。

处理决定：依据《中华人民共和国税收征收管理法》以及《增值税暂行条例》的有关规定，高邮市国家税务局对该户作出追缴所偷增值税 54858.5 元并按规定加收滞纳金、处偷税数额的 0.5 倍罚款的税务处理（处罚）决定。接到税务处理后，该商户方感后悔，早知营业额超过核定数不申报也属偷税，还不如当初申报缴纳。

该商户因涉嫌构成偷税罪，已移送司法机关作进一步查处。

【专家评析】

对于定期定额征收户，税务机关要加大宣传力度，促使纳税人建账健制，对于有迹象表明当期营业额可能要超过核定数的20%至30%部分的，要督促其主动申报纳税。合理避税是可行的，但是逃税是绝对禁止的。申报纳税要求如实申报，超过核定数额不申报也属于逃税行为。

【法条指引】

中华人民共和国税收征收管理法

第二十五条 纳税人必须依照法律、行政法规规定或者税务机关依照法律、行政法规的规定确定的申报期限、申报内容如实办理纳税申报，报送纳税申报表、财务会计报表以及税务机关根据实际需要要求纳税人报送的其他纳税资料。

扣缴义务人必须依照法律、行政法规规定或者税务机关依照法律、行政法规的规定确定的申报期限、申报内容如实报送代扣代缴、代收代缴税款报告表以及税务机关根据实际需要要求扣缴义务人报送的其他有关资料。

第二十六条 纳税人、扣缴义务人可以直接到税务机关办理纳税申报或者报送代扣代缴、代收代缴税款报告表，也可以按照规定采取邮寄、数据电文或者其他方式办理上述申报、报送事项。

第二十七条 纳税人、扣缴义务人不能按期办理纳税申报或者报送代扣代缴、代收代缴税款报告表的，经税务机关核准，可以延期申报。

经核准延期办理前款规定的申报、报送事项的，应当在纳税期内按照上期实际缴纳的税额或者税务机关核定的税额预缴税款，并在核准的延期内办理税款结算。

税收征收管理法实施细则

第三十三条　纳税人、扣缴义务人的纳税申报或者代扣代缴、代收代缴税款报告表的主要内容包括：税种、税目，应纳税项目或者应代扣代缴、代收代缴税款项目，计税依据，扣除项目及标准，适用税率或者单位税额，应退税项目及税额、应减免税项目及税额，应纳税额或者应代扣代缴、代收代缴税额，税款所属期限、延期缴纳税款、欠税、滞纳金等。

第三十四条　纳税人办理纳税申报时，应当如实填写纳税申报表，并根据不同的情况相应报送下列有关证件、资料：

（一）财务会计报表及其说明材料；

（二）与纳税有关的合同、协议书及凭证；

（三）税控装置的电子报税资料；

（四）外出经营活动税收管理证明和异地完税凭证；

（五）境内或者境外公证机构出具的有关证明文件；

（六）税务机关规定应当报送的其他有关证件、资料。

第三十五条　扣缴义务人办理代扣代缴、代收代缴税款报告时，应当如实填写代扣代缴、代收代缴税款报告表，并报送代扣代缴、代收代缴税款的合法凭证以及税务机关规定的其他有关证件、资料。

第三十六条　实行定期定额缴纳税款的纳税人，可以实行简易申报、简并征期等申报纳税方式。

第三十七条　纳税人、扣缴义务人按照规定的期限办理纳税申报或者报送代扣代缴、代收代缴税款报告表确有困难，需要延期的，应当在规定的期限内向税务机关提出书面延期申请，经税务机关核准，在核准的期限内办理。

纳税人、扣缴义务人因不可抗力，不能按期办理纳税申报或者报送代扣代缴、代收代缴税款报告表的，可以延期办理；但是，应当在不可抗力情形消除后立即向税务机关报告。税务机关应当查明事实，予以核准。

第三章
税款征收

▶ 1. 扣缴义务人主要义务是什么？

【宣讲要点】

在我国，纳税主体主要包括纳税人和扣缴义务人。纳税人，是指法律、行政法规规定负有纳税义务的单位和个人。不同的税收实体法，所规定的扣缴义务人是不同的。代扣代缴，是指依照税法的规定，扣缴义务人在向纳税人支付款项时，从所支付的款项中直接扣收税款，并解缴税务机关的税款征收方式，比如支付工资的单位代扣代缴个人所得税。扣缴义务人依法代扣代缴、代收代缴税款，实现税款的源泉控制，这对于国家税款的征收管理工作有重要意义。

【典型案例】

2010 年 12 月底，某市地方税务局在对其辖区的单位进行税务检查时，发现一会计师事务所没有按照规定代扣代缴其 10 名员工个人所得税 20000 元。税务局责令该会计师事务所在 3 个月内缴清所欠税款，但是该会计师事务所以债务过多来推诿搪塞，而且采取做假账的方式应付税务机关的检查。税务机关多次向该所发出《催缴税款通知书》，该所逾期仍不缴。为了保证税款顺利缴入国库，税务机关依法通知其开户银行强制扣缴其账户中的存款20000元。该所对税务机关采取的强制措施不服提起行政诉讼，当地法院经审理后作出判决，维持税务机关作出的税务强制执行措施，驳回原告的诉讼请求，案件受理费由原告承担。法院判决后，该会计师事务所并没提出上诉请求，判决生效。

【专家评析】

在税款征收中，扣缴义务人在税款征收中的义务有：应当严格按照法律、行政法规的规定履行代扣代缴、代收代缴义务；纳税人要求扣缴义务人开具代扣、代收税款凭证的，扣缴义务人应当开具。但是，对法律、行政法规没有规定负有扣缴义务的单位和个人，税务机关不得要求其履行扣缴义务。扣缴义务人在税款征收中的权利，主要是有取得代扣、代收手续费的权利。税收征收管理法第30条第3款规定，税务机关按照规定付给扣缴义务人代扣、代收手续费。如根据个人所得税法第11条的规定，对扣缴义务人按照所扣缴的税款，付给2%的手续费。扣缴义务人在履行代扣、代收义务时，纳税人不得拒绝。如遇纳税人拒绝，扣缴义务人应当及时报告税务机关处理。

本案中，该会计师事务所为其成员的所得税款扣缴义务人，应当按照法律、法规的规定，代扣代缴个人所得税。但是，该所却以种种借口，不及时履行其义务，而且还采取做假账的方式来逃避税务检查，因此税务机关有权采取强制执行措施保证税款入库，并且加收相应的滞纳金。

根据我国有关税收法律、法规的规定，扣缴义务人的法律责任主要有：

（1）扣缴义务人未按照规定设置、保管代扣代缴、代收代缴税款账簿或者保管代扣代缴、代收代缴税款记账凭证及有关资料的，由税务机关责令限期改正，可以处以2000元以下的罚款；情节严重的，处以2000元以上5000元以下的罚款。

（2）扣缴义务人未按照规定的期限向税务机关报送代扣代缴、代收代缴税款报告表和有关资料的，由税务机关责令限期改正，可以处以2000元以下的罚款；情节严重的，可以处以2000元以上1万元以下的罚款。

(3) 扣缴义务人采取偷税手段，不缴或者少缴已扣、已收税款，由税务机关追缴其不缴或者少缴的税款、滞纳金，并处不缴或者少缴的税款50%以上5倍以下的罚款；构成犯罪的，依法追究刑事责任；偷税数额占应纳税额的10%以上不满30%并且偷税数额在1万元以上不满10万元的，或者因偷税被税务机关给予2次行政处罚又偷税的，处3年以下有期徒刑或者拘役，并处偷税数额1倍以上5倍以下罚金；偷税数额占应纳税额的30%以上并且偷税数额在10万元以上的，处3年以上7年以下有期徒刑，并处偷税数额1倍以上5倍以下罚金。

(4) 扣缴义务人编造虚假计税依据的，由税务机关责令限期改正，并处5万元以下的罚款。

(5) 扣缴义务人在规定期限内不缴或者少缴应解缴的税款，经税务机关责令限期缴纳，逾期仍未缴纳的，税务机关除依法采取强制执行措施追缴税款外，可以处不缴或者少缴税款50%以上5倍以下的罚款。

(6) 扣缴义务人应扣未扣、应收而不收税款的，由税务机关向纳税人追缴税款，对扣缴义务人处应扣未扣、应收未收税款50%以上3倍以下的罚款。

(7) 扣缴义务人逃避、拒绝或者以其他方式阻挠税务机关检查和扣缴义务人不依法接受税务检查的，由税务机关责令改正，可以处1万元以下的罚款；情节严重的，处1万元以上5万元以下的罚款。

(8) 从事生产、经营的扣缴义务人有税收违法行为，拒不接受税务机关处理的，税务机关可以收缴其发票或者停止向其发售发票。

【法条指引】

中华人民共和国税收征收管理法

第三十条 扣缴义务人依照法律、行政法规的规定履行代扣、代收税款的义务。对法律、行政法规没有规定负有代扣、代收税款义务的单位和个人，税务机关不得要求其履行代扣、代收税款义务。

扣缴义务人依法履行代扣、代收税款义务时，纳税人不得拒绝。纳税人拒绝的，扣缴义务人应当及时报告税务机关处理。

税务机关按照规定付给扣缴义务人代扣、代收手续费。

第三十一条 纳税人、扣缴义务人按照法律、行政法规规定或者税务机关依照法律、行政法规的规定确定的期限，缴纳或者解缴税款。

纳税人因有特殊困难，不能按期缴纳税款的，经省、自治区、直辖市国家税务局、地方税务局批准，可以延期缴纳税款，但是最长不得超过三个月。

第六十九条 扣缴义务人应扣未扣、应收而不收税款的，由税务机关向纳税人追缴税款，对扣缴义务人处应扣未扣、应收未收税款百分之五十以上三倍以下的罚款。

税收征收管理法实施细则

第二十五条 扣缴义务人应当自税收法律、行政法规规定的扣缴义务发生之日起10日内，按照所代扣、代收的税种，分别设置代扣代缴、代收代缴税款账簿。

第二十六条 纳税人、扣缴义务人会计制度健全，能够通过计算机正确、完整计算其收入和所得或者代扣代缴、代收代缴税款情况的，其计算机输出的完整的书面会计记录，可视同会计账簿。

纳税人、扣缴义务人会计制度不健全，不能通过计算机正确、完整计算其收入和所得或者代扣代缴、代收代缴税款情况的，应当建立总账及与纳税或者代扣代缴、代收代缴税款有关的其他账簿。

▶ 2. 什么是税额核定？

【宣讲要点】

核定纳税额是针对纳税人的一部分违章行为（确无建账能力的除外）导致税务机关难以查账征收税款，而采取的一定的补救措施。它也是一种征收税款的方式，是在以正常的税款征收方式难以准确合理地征收税款的前提下而采取的一种征税方法，对于保障国家税收的及时足额入库和迫使纳税人严格遵循税务管理有关规定正确纳税，具有重要的作用。

【典型案例】

某汽车销售服务有限公司是一家股份制企业，主要经营范围是汽车的销售和售后服务。该公司 2007 年度销售收入 404 万元，缴纳增值税 30 万元。

2008 年 10 月，某国税稽查局对该公司 2007 年的纳税情况进行检查，发现该公司 2007 年将成本为 1159389.59 元的材料用于维修业务，该批材料成本已进入当期成本，但是没有计相应的维修材料收入和工时收入，并且该公司不能提供修车清单等原始资料。

因此，该稽查局对该公司上述业务的应纳税额按照成本加合理的费用和利润的方法进行核定：（1）材料成本 1159389.59 元；（2）材料销售利润 = 材料成本 × 成本利润率 = 1159389.59 × 34.87% = 404279.15（元）；（3）工时费 = 365742.12 元；计算得出该公司 2007 年计产品销售收入——修理收入 1929410.86 元。对核定的结果，该公司在稽查底稿及附件上签署了“情况属实，准确无误”的意见，予以认可。

随后，稽查局下发了《税务处理决定书》和《税务处罚决定书》。根据税收征收管理法第 63 条和第 32 条规定，认定该公司 2007 年将成本为 159389.59 元的材料用于维修业务，没有计维修材料收入和工时收入，导致少缴纳所得税 636705.58 元，以及该单位未缴纳 2007 年实现的应纳所得税 80077.57 元，属偷税行为，对少缴税款予以追缴的同时，加收滞纳金，并处 50% 罚款。

【专家评析】

核定征收税款是指由于纳税人的会计账簿不健全，资料残缺难以查账，或者其他原因难以准确确定纳税人应纳税额时，由税务机关采用合理的方法依法核定纳税人应纳税款的一种征收方式，简称核定征收。核定应纳税额是税务部门根据单位实际经营情况核定一个应该交税的基数，1 年不变。同时需要注意，核定征收只是当纳税人的会计账簿不健全，资料残缺难以查账，或者其他原因难以准确确定纳税人应纳税额时才由税务机关进行核定，是非常态的征收方式。税务机关实行核定征收，必须在法定的情形下，即账簿设置、收入、成本费用，账簿、凭证保存、纳税义务履行等几个方面有任一个方面不能准确核算时，就必须采取核定征收方式按照合理原则，采取以下几种方法核定：（1）参照当地同类行业或者类似行业中经营规模和收入水平相近的纳税人的税负水平核定；（2）按照营业收入或者成本加合理的费用和利润的方法核定；（3）按照耗用的原材料、燃料、动力等推算或者测算核定；（4）按照其他合理方法核定。采用前述的一种方法不足以正确核定应纳税额时，可以同时采用两种以上的方法核定。通过这些核定方法，既可以精确核算出应纳税额，也可以在运用了一种核定方法之后再用另一种核定方法进行佐证，又可以进行相关税负间的权衡，还可以综合考虑某特定税务部门的征收手段、工作力度、历史征管水平及所辖纳税人的心理承受度等多种制约因素。

【法条指引】

中华人民共和国税收征收管理法

第三十五条 纳税人有下列情形之一的，税务机关有权核定其应纳税额：

（一）依照法律、行政法规的规定可以不设置帐簿的；

（二）依照法律、行政法规的规定应当设置帐簿但未设置的；

（三）擅自销毁帐簿或者拒不提供纳税资料的；

（四）虽设置帐簿，但帐目混乱或者成本资料、收入凭证、费用凭证残缺不全，难以查帐的；

（五）发生纳税义务，未按照规定的期限办理纳税申报，经税务机关责令限期申报，逾期仍不申报的；

（六）纳税人申报的计税依据明显偏低，又无正当理由的。

税务机关核定应纳税额的具体程序和方法由国务院税务主管部门规定。

税收征收管理法实施细则

第四十七条 纳税人有税收征管法第三十五条或者第三十七条所

列情形之一的，税务机关有权采用下列任何一种方法核定其应纳税额：

（一）参照当地同类行业或者类似行业中经营规模和收入水平相近的纳税人的税负水平核定；

（二）按照营业收入或者成本加合理的费用和利润的方法核定；

（三）按照耗用的原材料、燃料、动力等推算或者测算核定；

（四）按照其他合理方法核定。

采用前款所列一种方法不足以正确核定应纳税额时，可以同时采用两种以上的方法核定。

纳税人对税务机关采取本条规定的方法核定的应纳税额有异议的，应当提供相关证据，经税务机关认定后，调整应纳税额。

▶ 3. 什么是税收保全?

【宣讲要点】

税收保全，是指税务机关对由于纳税人的行为或者某种客观原因造成的应征税款不能得到有效保证或者难以保证时，所采取的确保税款完整的措施。税务机关在了解、掌握纳税人有偷、逃、避税行为的一定证据以后，可以在规定的纳税期之前，责令限期缴纳应交税款，既不缴纳又不提供纳税担保的，采取税收保全措施。如果有一定的证据显示纳税人在税务机关核定的缴纳税款期限内，有明显的转移、隐藏其应纳税的商品、货物、其他财产或者应税收入，税务机关在责成提供纳税担保不成时，即可决定是否有必要采取保全措施。

另外还要注意税收保全与税收强制执行的区别与联系。

税收保全措施和强制执行措施的相同点是：（1）税务机关采取保全措施或强制执行措施应经县以上税务局（分局）局长批准。（2）物的范围。包括存款、商品、货物或者其他财产。个人及其所抚养的家属维持生活必需的住房和用品，不在税收保全措施和强制执行措施的范围之内。

税收保全措施和强制执行措施不同点是：

（1）条件不同：采取税收保全措施需具备以下条件：

①时间条件：时间条件是税法规定的纳税期届满之前和税务机关责令缴纳税款的期限之内。

②行为条件：行为条件是纳税人有逃避纳税义务的行为。

③担保条件：在上述两个条件具备的情况下，税务机关可以责成纳税人提供纳税担保，纳税人不提供纳税担保的，税务机关可以依照法定权限和程序，采取税收保全措施。

采取强制执行措施需具备以下条件：

①超过纳税期限：未按照规定的期限缴纳或者解缴税款。

②告诫在先：税务机关必须责令限期缴纳税款。

③超过告诫期：经税务机关责令限期缴纳，逾期仍未缴纳的。

（2）实施范围不同：保全措施的实施对象是从事生产、经营的纳税人。强制执行的实施对象是从事生产、经营的纳税人、扣缴义务人和纳税担保人。

（3）内容不同。保全措施的内容：

①书面通知纳税人的开户银行或者其他金融机构冻结纳税人的相当于应纳税款的存款。

②扣押、查封纳税人的价值相当于应纳税款的商品、货物或者其他财产。

强制执行措施的内容：

①书面通知纳税人、扣缴义务人、纳税担保人的开户银行或者其他金融机构，从其存款中扣缴税款。

②扣押、查封、依法拍卖或者变卖纳税人、扣缴义务人、纳税担保人相当于应纳税款的商品、货物或者其他财产，以拍卖或者变卖所得抵缴税款。税务机关采取强制执行措施时，对纳税人、扣缴义务人、纳税担保人未缴纳的滞纳金同时强制执行。

【典型案例】

2010 年 8 月某税务机关在一次专项检查中发现并查实，一家私营企业作为一般纳税人，从2010年7月成立之初就利用不开或少开发票、发票外收入不入账等手段进行偷税，累计偷税额达8万元。8月12日该税务机关依法定程序作出补税并罚款的决定，并下达了《税务处理决定书》等税务文书，限定该企业在8月27日前缴清税款及罚款。其间，该企业并没有履行决定书中的处理规定。8月20日，税务机关接到群众举报，反映该企业有转移财产迹象。税务机关在调查核实后，于8月21日责成该企业8月22日前缴纳税款或提供纳税担保，8月23日该企业一直未履行税务机关的决定，税务机关遂于8月23日上午8时依法采取税收保全措施，扣押了其相当于应纳税款的商品及货物。该企业于8月24日缴清了税款，税务机关于8月26日下午4时才解除税收保全措施。8月28日，该企业向当地法院起诉，认为税务机关的税收保全措施给其合法利益造成了损害，要求税务机关赔偿其经济损失，法院依法判处税务机关承担赔偿责任。

【专家评析】

这是一个有关税务行政赔偿的案例。税务行政赔偿是税务机关作为履行国家赔偿义务的机关，对本机关及其工作人员的职务违法行为给纳税人和其他税务当事人的合法权益造成损害，代表国家予以赔偿的制度。本案例中，税务机关为保全国家税收收入，依法行使了税收保全措施。依据税收保全措施的相关规定，纳税人在税务机关实施税收保全措施后按规定期限缴纳了税款的，税务机关应在收到税款或银行转回的税票后的24小时内解除税收保全措施。上述案例中，纳税人于8月24日缴清了税款，而税务机关直到26日下午4时才解除税收保全措施，显然超过了法律规定的24小时时限，影响了纳税人的正常经营，给纳税人造成了一定的经营损失。所以依据国家赔偿法的规定，法院依法判处了税务机关承担赔偿责任。

【法条指引】

中华人民共和国税收征收管理法

第三十七条 对未按照规定办理税务登记的从事生产、经营的纳税人以及临时从事经营的纳税人，由税务机关核定其应纳税额，责令缴纳；不缴纳的，税务机关可以扣押其价值相当于应纳税款的商品、货物。扣押后缴纳应纳税款的，税务机关必须立即解除扣押，并归还所扣押的商品、货物；扣押后仍不缴纳应纳税款的，经县以上税务局（分局）局长批准，依法拍卖或者变卖所扣押的商品、货物，以拍卖或者变卖所得抵缴税款。

第三十八条　税务机关有根据认为从事生产、经营的纳税人有逃避纳税义务行为的，可以在规定的纳税期之前，责令限期缴纳应纳税款；在限期内发现纳税人有明显的转移、隐匿其应纳税的商品、货物以及其他财产或者应纳税的收入的迹象的，税务机关可以责成纳税人提供纳税担保。如果纳税人不能提供纳税担保，经县以上税务局（分局）局长批准，税务机关可以采取下列税收保全措施：

（一）书面通知纳税人开户银行或者其他金融机构冻结纳税人的金额相当于应纳税款的存款；

（二）扣押、查封纳税人的价值相当于应纳税款的商品、货物或者其他财产。

纳税人在前款规定的限期内缴纳税款的，税务机关必须立即解除税收保全措施；限期期满仍未缴纳税款的，经县以上税务局（分局）局长批准，税务机关可以书面通知纳税人开户银行或者其他金融机构从其冻结的存款中扣缴税款，或者依法拍卖或者变卖所扣押、查封的商品、货物或者其他财产，以拍卖或者变卖所得抵缴税款。

个人及其所扶养家属维持生活必需的住房和用品，不在税收保全措施的范围之内。

第三十九条　纳税人在限期内已缴纳税款，税务机关未立即解除税收保全措施，使纳税人的合法利益遭受损失的，税务机关应当承担赔偿责任。

第四十三条　税务机关滥用职权违法采取税收保全措施、强制执行措施，或者采取税收保全措施、强制执行措施不当，使纳税人、扣缴义务人或者纳税担保人的合法权益遭受损失的，应当依法承担赔偿责任。

税收征收管理法实施细则

第五十九条 税收征管法第三十八条、第四十条所称其他财产，包括纳税人的房地产、现金、有价证券等不动产和动产。

机动车辆、金银饰品、古玩字画、豪华住宅或者一处以外的住房不属于税收征管法第三十八条、第四十条、第四十二条所称个人及其所扶养家属维持生活必需的住房和用品。

税务机关对单价5000元以下的其他生活用品，不采取税收保全措施和强制执行措施。

第六十条 税收征管法第三十八条、第四十条、第四十二条所称个人所扶养家属，是指与纳税人共同居住生活的配偶、直系亲属以及无生活来源并由纳税人扶养的其他亲属。

第六十一条 税收征管法第三十八条、第八十八条所称担保，包括经税务机关认可的纳税保证人为纳税人提供的纳税保证，以及纳税人或者第三人以其未设置或者未全部设置担保物权的财产提供的担保。

纳税保证人，是指在中国境内具有纳税担保能力的自然人、法人或者其他经济组织。

法律、行政法规规定的没有担保资格的单位和个人，不得作为纳税担保人。

第六十二条 纳税担保人同意为纳税人提供纳税担保的，应当填写纳税担保书，写明担保对象、担保范围、担保期限和担保责任以及其他有关事项。担保书须经纳税人、纳税担保人签字盖章并经税务机关同意，方为有效。

纳税人或者第三人以其财产提供纳税担保的，应当填写财产清单，并写明财产价值以及其他有关事项。纳税担保财产清单须经纳税人、第三人签字盖章并经税务机关确认，方为有效。

▶ 4. 怎样申请延期缴纳税款?

【宣讲要点】

延期缴纳税款权，是指纳税人因有特殊困难，不能按照法律、行政法规规定的期限缴纳税款时，依法享有申请延期缴纳税款的权利。经税务机关批准延期缴纳税款的，在批准的期限内，不加收滞纳金。特殊困难是指，（1）因不可抗力，导致纳税人发生较大损失，正常生产经营活动受到较大影响的；（2）当期货币资金在扣除应付职工工资、社会保险费后，不足以缴纳税款的。

那么如何实现延期缴纳税款权呢？纳税人如果符合延期缴纳税款条件，应当在缴纳税款期限届满前向主管税务机关提出申请，并报送下列材料：（1）延期缴纳税款申请审批表；（2）当期货币资金余额情况及所有银行存款账户的对账单；（3）资产负债表；（4）应付职工工资和社会保险费等税务机关要求提供的支出预算。

税务机关应当自收到申请延期缴纳税款报告之日起20日内作出批准或者不予批准的决定；不予批准的，从缴纳税款期限届满之日起加收滞纳金。

【典型案例】

A公司2009年11月13日申报当月税款10万元，未在税款限缴期限内缴纳税款。11月18日该公司以货款未收回、资金周转困难为由，向税务机关提出延期缴纳税款的申请，并提供有关书面材料。税务机关经审查后认为，依据《税收征收管理法实施细则》第42条的规定，纳税人需要延期缴纳税款的，应该在缴纳税款期限届满前提出申请，并报送有关资料。但该公司提出申请已超过税务机关规定的税款限缴日期，所以税务机关不予批准，并从税款限缴期限届满次日起按日加收万分之五的滞纳金。

【专家评析】

税款征收对征税人来说，是要将纳税人的应纳税款按时征缴入库，对纳税人来说则是要按时缴纳税款。在实际工作中，对税款征收的时间有三种限制：一是纳税义务发生的时间；二是纳税期限；三是税款缴库期限。

纳税义务发生的时间，是指纳税人发生应税行为，应该承担纳税义务的起始时间。任何纳税人只要发生了应税的行为，取得了应税的收入，就必须依法申报纳税。但由于各类税种的征税制度、纳税人的货款结算方式，生产经营特点等不同，难以按照统一标准一致划分纳税期，也不可能都以行为发生的发生日为纳税日期。所以现行的各种税收法律、行政法规规定了纳税期限。纳税期限是指法律、行政法规规定的或者税务机关依照法律、行政法规的规定确定的纳税人据以计算应纳税额的期限。各种税的纳税期限因为其征收对象、计税环节等不同而不尽一致，即使同一税种具体到每个纳税人也不一样。每个纳税人的纳税期限，由有权税务机关根据纳税人应纳税额的情况分别确定。税款缴库期限是指纳税计算期满后，纳税人报缴税款的法定期限。由于纳税人对纳税期内所取得的应税收入和应纳税款需要一定的时间进行结算和办理缴税手续。所以各种税的税法又规定了税款的入库期限。例如，《中华人民共和国资源税暂行条例》规定，纳税人以1个月为税款计算期的，应自期满之日起10日内将税款报缴入库。

但在实际工作中，有时纳税人未按期缴纳税款是遇到了一些特殊困难，如出现了自然灾害、意外事故等，因此为帮助纳税人渡过难关，法律规定了可以延期纳税。但是为了防止纳税人自行拖欠、久拖不缴，法律还对延期缴纳规定了法定的程序，即经省、自治区、直辖市国家税务局、地方税务局批准才可以延期缴纳税款，但是最长不得超过3个月。

扣缴义务人的情况也与此相同。

【法条指引】

中华人民共和国税收征收管理法

第三十一条　纳税人、扣缴义务人按照法律、行政法规规定或者税务机关依照法律、行政法规的规定确定的期限，缴纳或者解缴税款。

纳税人因有特殊困难，不能按期缴纳税款的，经省、自治区、直辖市国家税务局、地方税务局批准，可以延期缴纳税款，但是最长不得超过三个月。

税收征收管理法实施细则

第四十一条　纳税人有下列情形之一的，属于税收征管法第三十一条所称特殊困难：

（一）因不可抗力，导致纳税人发生较大损失，正常生产经营活动受到较大影响的；

（二）当期货币资金在扣除应付职工工资、社会保险费后，不足以缴纳税款的。

计划单列市国家税务局、地方税务局可以参照税收征管法第三十一条第二款的批准权限，审批纳税人延期缴纳税款。

第四十二条　纳税人需要延期缴纳税款的，应当在缴纳税款期限届满前提出申请，并报送下列材料：申请延期缴纳税款报告，当期货币资金余额情况及所有银行存款账户的对账单，资产负债表，应付职工工资和社会保险费等税务机关要求提供的支出预算。

税务机关应当自收到申请延期缴纳税款报告之日起20日内作出批准或者不予批准的决定；不予批准的，从缴纳税款期限届满之日起加收滞纳金。

▶ 5. 如何计算税收滞纳金?

【宣讲要点】

税收滞纳金是按照税法规定，对延误期限缴纳税款的纳税人所加收的款项。这是对违反税法的纳税人的一种经济制裁方式。各国税法中普遍规定了滞纳金的制裁方式，纳税单位和个人不按期缴纳税款，税务机关除限期追缴外，还要从滞纳之日起，按日并按滞纳税款一定比例加收滞纳金，滞纳金的计算公式为：滞纳金金额 = 滞纳税款 × 滞纳金比例 × 滞纳天数。

我国税收征收管理法规定，纳税人、扣缴义务人按照法律、行政法规规定或者税务机关依照法律、行政法规的规定确定的期限，缴纳或者解缴税款。纳税人未按照规定期限缴纳税款的，扣缴义务人未按照规定期限解缴税款的，税务机关除责令限期缴纳外，从滞纳税款之日起，按日加收滞纳税款 0.5‰的滞纳金。

【典型案例】

原、被告曾因借款合同纠纷一案，经广西壮族自治区高级人民法院审理并于2001 年 11 月作出（2000）桂经初字第 11 号民事判决，判令由被告向原告返还借款本金港币 4000 万元及其利息。之后，原、被告双方经协商确认，被告应向原告支付的利息总计为港币 13787637.01 元，扣除被告于 1995 年、1996 年分期支付的利息港币 720 万元，被告应向原告支付利息港币 6587637.01 元。2002 年 6 月 8 日，被告向原告归还了借款本金港币 4000 万元。2002 年 7 月 5 日，被告从应付原告的利息款港币 6587637.01 元中向南宁市国家税务局涉外税收管理分局支付代扣代缴利息税人民币 1460938.02 元，并按要求缴纳了已付利息港币 720 万元的应纳税款逾期滞纳金人民币 2997777.94 元；剩余利息款人民币 2379713.31 元于 2002 年 7 月 26 日全部支付给原告。原告收到上述款项后，认为应纳税款逾期滞纳金人民币 2997777.94 元应由被告自行承担，不应从应支付给其的借款利息中扣除。原、被告协商未果，原告于2002年8月5日向广西壮族自治区高级人民法院申请强制执行该笔款项。广西壮族自治区高级人民法院则认为该款项由谁承担属于另一个法律关系，应另案处理。原告遂向法院提起本案诉讼。

【专家评析】

原告人保香港分公司系根据香港的法律登记成立的企业，中国内地与香港属于不同法域及税区。被告建行广西分行于1995年、1996年共向原告人寿保险香港分公司支付利息及手续费720万元港币，无论该款在中国内地或香港支付，均属于来源于中国境内的利息。原告从被告处收取利息，是实际受益人，即纳税义务人；被告作为支付利息的单位，是扣缴义务人。南宁市国家税务局涉外税收管理分局于2002年7月5日收取已付利息港币720万元的应纳税款逾期滞纳金人民币2997777.94元，是从被告建行广西分行向原告实际支付利息时起算滞纳期间。被告超过1994年12月28日签订的《借款合同》约定的期限，未实际付款前，并不产生利息税及滞纳金，而是导致被告应承担逾期付款期间的利息责任。余下应付利息款港币6587637.01元虽属被告对原告逾期付款，但未产生滞纳金，也说明逾期付款与滞纳金的产生没有因果关系。因此，原告关于人民币2997777.94元滞纳金是因被告未能按约定期限还款给原告所致的主张是与事实不符的。

根据《中华人民共和国税收征收管理法》第25条的规定，在被告建行广西分行对利息税有代扣代缴义务的同时，原告人保香港分公司也有自行申报纳税的义务。双方在1994年12月28日签订的《借款合同》中并未约定被告的扣缴义务，在无约定义务的情况下，被告仅承担法定的不履行扣缴义务的行政处罚责任。又根据《中华人民共和国税收征收管理法》第32条规定，明确了税务机关收取滞纳金的职权，但并未界定滞纳金最终该由纳税义务人还是扣缴义务人承担。根据实际收益与纳税义务相一致的税收原则，因已付港币720万元由原告人保香港分公司占有和使用，产生的孳息也由原告占有，税务机关按每日万分之五或千分之二的标准收取滞纳金，体现了对该孳息的剥夺功能。因此，该滞纳金是正常税款的延伸。南宁市国家税务局《税收通用缴款书》注明“代征代扣”“正常税款”“代扣中国人寿保险公司香港公司税”，表明了征税的对象，缴款单位“中国建设银行广西壮族自治区分行”缴款属于“代征代扣”，并非最终承担该滞纳金的主体，与代缴代扣制度的特征也相符合。

因此，原告关于南宁国税局出具的《税收通用缴款书》中的缴款单位是被告，滞纳金人民币2997777.94元应由被告承担的主张及关于被告因未按期代缴税款而应承担滞纳金的主张不能成立，无法获得法院的支持。

【法条指引】

中华人民共和国税收征收管理法

第二十五条 纳税人必须依照法律、行政法规规定或者税务机关依照法律、行政法规的规定确定的申报期限、申报内容如实办理纳税申报，报送纳税申报表、财务会计报表以及税务机关根据实际需要要求纳税人报送的其他纳税资料。

扣缴义务人必须依照法律、行政法规规定或者税务机关依照法律、行政法规的规定确定的申报期限、申报内容如实报送代扣代缴、代收代缴税款报告表以及税务机关根据实际需要要求扣缴义务人报送的其他有关资料。

第三十二条 纳税人未按照规定期限缴纳税款的，扣缴义务人未按照规定期限解缴税款的，税务机关除责令限期缴纳外，从滞纳税款之日起，按日加收滞纳税款万分之五的滞纳金。

▶ 6. 什么是税收强制执行？

【宣讲要点】

税收强制执行，是指纳税人或相关主体逾期不履行税法义务，税务机关采取的促使其履行义务或实现税款入库的各种间接或直接的强制执行制度的总称。税收强制执行是一般行政强制执行的一种。

税收强制执行分为间接强制执行和直接强制执行两种。间接强制执行，即加收滞纳金。这一强制执行的主要目的在于促使纳税主体尽早履行纳税义务。滞纳金是税务机关对不按规定而逾期缴纳税款的纳税人给予经济制裁的一种措施。滞纳金＝滞纳税款×滞纳天数×万分之五。加收税款滞纳金的具体起止时间为法律、行政法规规定或者税务机关依照法律、行政法规的规定确定的税款缴纳期限届满次日起至纳税人、扣缴义务人实际缴纳或者解缴税款之日止。关于滞纳金的详细解释已在上文中有所展示。

直接强制执行，则是指从事生产、经营的纳税人、扣缴义务人未按照规定的期限缴纳或者解缴税款，纳税担保人未按照规定的期限缴纳所担保的税款，由税务机关发出限期缴纳税款通知书，责令缴纳或者解缴税款的最长期限不得超过15日；逾期仍未缴纳的，经县以上税务局（分局）局长批准，税务机关可以采取下列强制执行措施：（1）书面通知其开户银行或者其他金融机构从其存款中扣缴税款；（2）扣押、查封、依法拍卖或者变卖其价值相当于应纳税款的商品、货物或者其他财产，以拍卖或者变卖所得抵缴税款。税务机关采取强制执行措施时，对未缴纳的滞纳金同时强制执行。

【典型案例】

申请执行人宁波市鄞州区国家税务局于2013年7月3日以被执行人宁波金鑫浩业投资控股有限公司存在偷税行为为由，依据《中华人民共和国税收征收管理法》第32条、《中华人民共和国增值税暂行条例》第9条的规定，作出鄞国税处（2013）34号税务处理决定，该决定的内容是被执行人宁波金鑫浩业投资控股有限公司应追缴增值税354407.62元；依据《中华人民共和国税收征收管理法》第63条第1款的规定，作出了鄞国税罚（2013）45号税务行政处罚决定，该决定的内容是被执行人宁波金鑫浩业投资控股有限公司应缴纳罚款283526.10元。

法院经审查认定：申请执行人宁波市鄞州区国家税务局作出的鄞国税罚（2013）45号税务行政处罚决定、鄞国税处（2013）34号税务处理决定于2013年7月22日依法送达被执行人宁波金鑫浩业投资控股有限公司，被执行人收到后未在法定期限内申请复议或提起诉讼。2013年9月13日申请执行人向被执行人送达鄞国税催执（2013）021号催告执行通知书，但被执行人至今仍未履行。

法院经审理认为，申请执行人宁波市鄞州区国家税务局作出的鄞国税罚（2013）45号税务行政处罚决定，认定事实清楚、适用法律正确。被执行人宁波金鑫浩业投资控股有限公司在法律规定的期限内既不起诉又不履行，申请执行人宁波市鄞州区国家税务局申请本院强制执行，符合法律规定。根据《中华人民共和国行政强制法》第53条、第55条、第57条之规定，裁定如下：对申请执行人宁波市鄞州区国家税务局作出的鄞国税罚（2013）45号税务行政处罚决定准予强制执行。

【专家评析】

税法明确规定了纳税的时间。有的税是按月缴纳，有的税是按年缴纳，这取决于具体实体税收法律的规定，但是按时纳税是每个纳税人、扣缴义务人依法纳税的义务与责任。迟延纳税就要加处滞纳金。更加需要注意的是，逃税后被查出，不仅要补交逃税额，还要以逃税额为基础追加滞纳金和罚款。

如果纳税义务人一直拒不履行纳税义务，那么法律规定了税收强制执行措施。税务机关可以通知银行或者其他金融机构扣缴纳税人的存款，或者扣押、查封，依法变卖拍卖部分财产以抵缴税款。

【法条指引】

中华人民共和国税收征收管理法

第三十二条 纳税人未按照规定期限缴纳税款的，扣缴义务人未按照规定期限解缴税款的，税务机关除责令限期缴纳外，从滞纳税款之日起，按日加收滞纳税款万分之五的滞纳金。

第四十条　从事生产、经营的纳税人、扣缴义务人未按照规定的期限缴纳或者解缴税款，纳税担保人未按照规定的期限缴纳所担保的税款，由税务机关责令限期缴纳，逾期仍未缴纳的，经县以上税务局（分局）局长批准，税务机关可以采取下列强制执行措施：

（一）书面通知其开户银行或者其他金融机构从其存款中扣缴税款；

（二）扣押、查封、依法拍卖或者变卖其价值相当于应纳税款的商品、货物或者其他财产，以拍卖或者变卖所得抵缴税款。

税务机关采取强制执行措施时，对前款所列纳税人、扣缴义务人、纳税担保人未缴纳的滞纳金同时强制执行。

个人及其所扶养家属维持生活必需的住房和用品，不在强制执行措施的范围之内。

第四十一条　本法第三十七条、第三十八条、第四十条规定的采取税收保全措施、强制执行措施的权力，不得由法定的税务机关以外的单位和个人行使。

第四十二条　税务机关采取税收保全措施和强制执行措施必须依照法定权限和法定程序，不得查封、扣押纳税人个人及其所扶养家属维持生活必需的住房和用品。

第六十三条　纳税人伪造、变造、隐匿、擅自销毁帐簿、记帐凭证，或者在帐簿上多列支出或者不列、少列收入，或者经税务机关通知申报而拒不申报或者进行虚假的纳税申报，不缴或者少缴应纳税款的，是偷税。对纳税人偷税的，由税务机关追缴其不缴或者少缴的税款、滞纳金，并处不缴或者少缴的税款百分之五十以上五倍以下的罚款；构成犯罪的，依法追究刑事责任。

扣缴义务人采取前款所列手段，不缴或者少缴已扣、已收税款，由税务机关追缴其不缴或者少缴的税款、滞纳金，并处不缴或者少缴的税款百分之五十以上五倍以下的罚款；构成犯罪的，依法追究刑事责任。

第八十八条第三款　当事人对税务机关的处罚决定逾期不申请行

政复议也不向人民法院起诉、又不履行的，作出处罚决定的税务机关可以采取本法第四十条规定的强制执行措施，或者申请人民法院强制执行。

税收征收管理法实施细则

第六十五条 对价值超过应纳税额且不可分割的商品、货物或者其他财产，税务机关在纳税人、扣缴义务人或者纳税担保人无其他可供强制执行的财产的情况下，可以整体扣押、查封、拍卖，以拍卖所得抵缴税款、滞纳金、罚款以及扣押、查封、保管、拍卖等费用。

▶ 7. 如何调整关联企业的税款？

【宣讲要点】

关联企业，是指资金、业务等存在直接或者间接的拥有或控制关系的公司、企业或者其他间接组织。关联企业之间的业务往来应该按照独立企业之间的业务往来收取或者支付价款、费用，否则税务机关有权进行合理调整。税务机关对关联企业的税务合理调整，是实质课税原则在税收程序法上的具体应用。实质课税原则是补充税收漏洞的重要方法，是形式课税原则的重要补充。

【典型案例】

A公司为集团公司，B公司、C公司及D公司均为集团公司下属企业，按照税法规定，A公司、B公司、C公司及D公司互为关联方，上述企业适用企业所得税率均为25%。2012年5月A公司将16亿元资金分别拨付给B公司、C公司、D公司使用，均未签订借款合同，且A公司不收取利息。2013年2月，A公司接到主管税务机关调账通知，对其进行税收检查。随后税务机关根据税收征收管理法对企业作出认定，认为A公司将资金16亿元出借给关联方使用，应当按照独立交易原则收取利息确认所得，同时按照贷款年利率7%核定A公司该笔业务的营业税及企业所得税。在该笔业务是否需要缴纳营业税和企业所得税的问题上，税、企存在分歧。税务机关认为，按照税收征收管理法及《税收征收管理法实施细则》的规定，A公司与B公司、C公司、D公司无息相互融通资金行为，因借贷双方存在关联关系，税务机关有权核定A公司利息收入并征收营业税和企业所得税；而A公司则坚持认为，按照《营业税暂行条例》和企业所得税法及相关规定，无偿借款给关联方使用实际未取得利息收入不应缴纳营业税和企业所得税。

【专家评析】

随着市场经济的发展，利用关联企业避税和逃税越来越多。为了维护国家的合法利益，税务机关应该对关联企业税收进行合理的调整。

首先，是关联企业的判定。关联企业，是指有下列关系之一的公司、企业和其他经济组织：(1) 在资金、经营、购销等方面，存在直接或者间接的拥有或者控制关系；(2) 直接或者间接地同为第三者所拥有或者控制；(3) 在利益上具有相关联的其他关系。

其次，是税务机关可以进行税收调整的情形有：(1) 购销业务未按照独立企业之间的业务往来作价；(2) 融通资金所支付或者收取的利息超过或者低于没有关联关系的企业之间所能同意的数额，或者利率超过或者低于同类业务的正常利率；(3) 提供劳务，未按照独立企业之间业务往来收取或者支付劳务费用；(4) 转让财产、提供财产使用权等业务往来，未按照独立企业之间业务往来作价或者收取、支付费用；(5) 未按照独立企业之间业务往来作价的其他情形。

再次，是关联企业税收调整方法的选择。税务机关应该根据业务往来类型不同选用不同的调整方法。可以用可比非受控价格法，即按独立企业之间进行相同或者类似业务活动的价格进行调整的方法。再销售价格法，即按照再销售给无关联关系的价格所应取得的利润水平进行调整的方法。成本加成法，按成本加合理费用和利润进行调整的方法。其他合理方法，如可比利润法、利润分割法、净利润法、预约定价法、核定利率法等。

最后，是对关联企业之间融通资金的利息参照正常利率水平进行调整，对关联企业之间的劳务费用参照正常收费标准进行调整。

【法条指引】

中华人民共和国税收征收管理法

第三十六条 企业或者外国企业在中国境内设立的从事生产、经营的机构、场所与其关联企业之间的业务往来，应当按照独立企业之间的业务往来收取或者支付价款、费用；不按照独立企业之间的业务往来收取或者支付价款、费用，而减少其应纳税的收入或者所得额的，税务机关有权进行合理调整。

中华人民共和国企业所得税法

第四十一条第一款 企业与其关联方之间的业务往来，不符合独立交易原则而减少企业或者其关联方应纳税收入或者所得额的，税务机关有权按照合理方法调整。

税收征收管理法实施细则

第五十一条 税收征管法第三十六条所称关联企业，是指有下列关系之一的公司、企业和其他经济组织：

（一）在资金、经营、购销等方面，存在直接或者间接的拥有或者控制关系；

（二）直接或者间接地同为第三者所拥有或者控制；

（三）在利益上具有相关联的其他关系。

纳税人有义务就其与关联企业之间的业务往来，向当地税务机关提供有关的价格、费用标准等资料。具体办法由国家税务总局制定。

第五十二条 税收征管法第三十六条所称独立企业之间的业务往来，是指没有关联关系的企业之间按照公平成交价格和营业常规所进行的业务往来。

第五十三条 纳税人可以向主管税务机关提出与其关联企业之间业务往来的定价原则和计算方法，主管税务机关审核、批准后，与纳税人预先约定有关定价事项，监督纳税人执行。

第五十四条　纳税人与其关联企业之间的业务往来有下列情形之一的，税务机关可以调整其应纳税额：

（一）购销业务未按照独立企业之间的业务往来作价；

（二）融通资金所支付或者收取的利息超过或者低于没有关联关系的企业之间所能同意的数额，或者利率超过或者低于同类业务的正常利率；

（三）提供劳务，未按照独立企业之间业务往来收取或者支付劳务费用；

（四）转让财产、提供财产使用权等业务往来，未按照独立企业之间业务往来作价或者收取、支付费用；

（五）未按照独立企业之间业务往来作价的其他情形。

第五十五条　纳税人有本细则第五十四条所列情形之一的，税务机关可以按照下列方法调整计税收入额或者所得额：

（一）按照独立企业之间进行的相同或者类似业务活动的价格；

（二）按照再销售给无关联关系的第三者的价格所应取得的收入和利润水平；

（三）按照成本加合理的费用和利润；

（四）按照其他合理的方法。

第五十六条　纳税人与其关联企业未按照独立企业之间的业务往来支付价款、费用的，税务机关自该业务往来发生的纳税年度起3年内进行调整；有特殊情况的，可以自该业务往来发生的纳税年度起10年内进行调整。

营业税暂行条例

第七条　纳税人提供应税劳务、转让无形资产或者销售不动产的价格明显偏低并无正当理由的，由主管税务机关核定其营业额。

▶ 8. 什么情况下需追征税款?

【宣讲要点】

税款追征，是指税务机关在有效的追征期内，对纳税人未缴或少缴税款依法追缴入库。因税务机关的责任，致使纳税人未缴或者少缴税款的，追征期为3年，且在限期内不加收滞纳金。税务机关的责任是指税务机关适用税收法律、行政法规不当或者执法行为违法。因纳税人计算错误等失误，未缴或者少缴税款累计10万元以下的，追征期为3年；未缴或者少缴税款累计10万元以上的，追征期为5年；偷税、抗税、骗税的，追征期限为无限期。因纳税人计算错误等失误是指非主观故意的计算公式运用错误以及明显的笔误。享受减税、免税优惠的纳税人，减税、免税条件发生变化的，应当自发生变化之日起15日内向税务机关报告；不再符合减税、免税条件的，应当依法履行纳税义务；未依法纳税的，税务机关应当予以追缴。

税款的优先性是指在债务人破产还债的情况下，国家作为税收债权的债权人享有就债务人的财产优先于其他债权人受偿的权利。规定税收优先权是因为税收是公法上的债，对于私人的债权具有优先性。税收是国家维护公共利益的重要物质基础，具有强烈的公益性，承认税收优先权有助于保障税款征收。注意以下几点：一是一般情况下，税收优先于无担保债权，法律另有规定的除外；二是特定情况下，税收优先于担保债权；三是税收优先于行政机关的罚款、没收违法所得；四是税收优先于人民法院处以的罚金、没收财产。

【典型案例】

一天晚上11时30分，某市一街道办向市地税稽查局第五稽查局（以下简称稽查局）打来电话，反映该街道一家大型台资企业（以下简称T公司）突然停业，台商法定代表人和管理人员全部撤走。接报后，稽查局立即抽调人员组成专案组，于翌日早晨6时30分进入该公司调查。经调查，该公司拖欠供货商货款1.4亿元人民币，银行贷款1.8亿元人民币，且银行账上的存款及公司现金全部被一黄姓台商经理转走。该公司30多名台籍管理人员于2月28日晚全部撤回台湾。

由于该公司主要账册资料已被某区人民法院封存，经联系取得法院的支持后，稽查局调取了该公司账本、凭证等财务资料。查实该公司通过少列房产原值，多列成本费用等手段少缴房产税、企业所得税。并查明该公司经营期不足10年，存在应追缴已按“两免三减半”减免的企业所得税3521366.77元的可能性。经过慎重研究，稽查局依法作出如下稽查处理决定：追缴该公司2000年以来少缴房产税、企业所得税共计1634971.82元，滞纳金302116.93元，处罚款810614.31元。如果该公司实际经营期不足10年，应当补缴已减征、免征的企业所得税3521366.77元。

在结束对该公司的税务检查后，稽查局及时向某区人民法院提交了《税款执行函》和《税务处理决定书》，申请优先执行T公司税收债权。同时，专案组得到消息，T公司的案件已经移交市中级人民法院，而且已经申请进入破产程序。稽查局向市中级人民法院和清算组织递交资料，申报债权。2006年8月18日，T公司名下的房地产及存货、设备等整体资产公开拍卖竞拍成功，以1.6亿元成交。2007年7月17日，市中级人民法院作出终审裁定，T公司破产财产为80767050.39元，优先清偿税款5156338.5元，这一破产案税款追缴终于尘埃落定。

【专家评析】

首先，是对于税款的追征。为了防止纳税人以空壳经营方式骗取相关税收优惠，对经营终止的认定，建议引入实质主义判定原则。所谓实质主义，在一定的考证期满后，税务机关有根据认为纳税人已不再继续经营的，可以认定其经营终止。在企业经营期终止认定的法定条件和实质条件尚未生效，而未决的减免税款追缴又面临其他事件挤占的风险下，税务机关宜选择如下两种处理方式：一是预留突发事件的应对空间，先作附条件和告示性的税务处理决定，待法定条件或实质条件出现后，再补作正式的税务处理决定；二是待法定条件或实质条件出现后，才作税务处理决定。专案组在处理T公司案时，采用了第一种方法。

其次，是税款在破产程序中对于其他债权的优先性。在实践中，税务机关行使税收优先权时，可能会遇到被执行对象正处于民事诉讼或破产程序中的情况。由于在民事诉讼中，法院处于不告不理的中立位置，若税务机关不主动提出行使税收优先权的申请，法院一般对税收优先权不作考虑。因此，税务机关对欠税或异常（突发停业、转移资产、法定代表人走逃）企业应密切关注其诉讼信息，及早介入到相关诉讼中去，保证税收优先权的执行力。同时，税收优先权与其他民事债权的冲突及解决。我国破产法明文规定了税收债权的优先性，在破产清偿中税收债权与其他民事债权的清偿顺序争议不大。在民事诉讼程序中，应按照税收征收管理法第45条第1款的规定判断税收债权与其他民事债权的优先性：税收优先于无担保债权，税收优先于发生在其后的无担保债权。

【法条指引】

中华人民共和国税收征收管理法

第四十五条 税务机关征收税款，税收优先于无担保债权，法律另有规定的除外；纳税人欠缴的税款发生在纳税人以其财产设定抵押、质押或者纳税人的财产被留置之前的，税收应当先于抵押权、质权、留置权执行。

纳税人欠缴税款，同时又被行政机关决定处以罚款、没收违法所得的，税收优先于罚款、没收违法所得。

税务机关应当对纳税人欠缴税款的情况定期予以公告。

第四十八条 纳税人有合并、分立情形的，应当向税务机关报告，并依法缴清税款。纳税人合并时未缴清税款的，应当由合并后的纳税人继续履行未履行的纳税义务；纳税人分立时未缴清税款的，分立后的纳税人对未履行的纳税义务应当承担连带责任。

第五十二条　因税务机关的责任，致使纳税人、扣缴义务人未缴或者少缴税款的，税务机关在三年内可以要求纳税人、扣缴义务人补缴税款，但是不得加收滞纳金。

因纳税人、扣缴义务人计算错误等失误，未缴或者少缴税款的，税务机关在三年内可以追征税款、滞纳金；有特殊情况的，追征期可以延长到五年。

对偷税、抗税、骗税的，税务机关追征其未缴或者少缴的税款、滞纳金或者所骗取的税款，不受前款规定期限的限制。

税收征收管理法实施细则

第八十三条　税收征管法第五十二条规定的补缴和追征税款、滞纳金的期限，自纳税人、扣缴义务人应缴未缴或者少缴税款之日起计算。

▶ 9. 什么是离境清税制度?

【宣讲要点】

离境清税制度，是指欠缴税款的纳税人在离开国境前，必须向税务机关缴清所欠缴税款、滞纳金，或者提供纳税担保，否则，税务机关可以通知边防或海关阻止其出境。所谓阻止出境，是指出入境管理机关依法对违反我国法律或者有未了结的民事案件，以及其他法律规定不能离境的外国人、中国公民、无国籍人依法告知不准离境、听候处理的一项法律制度。对欠缴税款的纳税人实施离境清税制度，充分体现了税法的庄严，体现了税收作为国家主权的神圣，是维护国家税收主权的重要措施。

【典型案例】

【案例一】某天下午，罗湖海关人头涌涌，香港商人张某正等候出关。好不容易排到自己，递上回乡证后，却被大陆边检人员请到一边。张某不知为何通不过安检，当被告知因欠税问题不能出境时，他一时傻了眼。原来张某是广东某市一家独资企业的法人代表，该公司因在未清缴税款的情况下，突然停止生产，搬走设备，法人代表张某失踪。为避免国家税款流失，税务机关特提请公安边防部门对张某采取阻止出境措施。

【案例二】 在广州白云机场国际候机厅，某市某大公司老总谢某及公司一行人正准备前往德国商洽进口一批生产设备事宜。但在办理出境手续时，谢某的护照被卡了下来。边检人员告诉谢某，因公司的欠税问题不能离境，谢某只好狼狈而回。原来，该公司欠缴以前年度税款，税务机关已对该企业发出限期缴纳税款通知书。税务机关得知该公司老总谢某要去德国，便要求该公司赶紧缴清税款或提供纳税担保。但该企业均不予理睬。税务机关于是依法提请公安边防部门对企业法人代表采取阻止出境措施。

【专家评析】

在实际中执行离境清税制度的适用条件和执行范围：

（1）两个法定条件：一是需要出境的纳税人在出境前有欠税；二是欠缴税款的纳税人或者欠税单位的法定代表人在出境前既不结清应纳税款、滞纳金，又不能提供纳税担保的。第一个条件是前提，第二个条件是必要条件，缺一不可。案例一、案例二都具备了这两个条件。案例一张某在未缴清应纳税款的情况下，突然停止生产，搬走设备，并失踪，税务机关已无法采取强制执行措施保护国家税款，因而只能采用离境清税制度通知出入境管理机关阻止张某出境，迫使他向税务机关缴清税款，否则他就不能回香港。案例二中，税务机关得知某企业法人代表谢某在限期缴纳期间要去德国后，已通知该企业赶紧缴清所欠税款或提供纳税担保，但该企业均不予理睬，已符合实施离境清税的条件。而且在该公司仍在限期缴纳税款的期限内，税务机关还不能对该公司采取强制执行措施的情况下，税务机关实施离境清税制度，依法提请公安边防部门对该企业法人代表采取措施阻止出境，是保护国家税款不受损失的有效方式。

（2）离境清税的执行对象包括：欠缴税款的自然人、法人和其他经济组织。阻止出境只能对自然人实施，自然人包括中国公民、港澳台人士、外国人及无国籍人。因此，如果欠缴税款的纳税人是自然人的，阻止出境直接对纳税人实施；如是单位纳税人，则对其法定代表人阻止出境。案例一属于前一种情况，案例二属于后一种情况。

另外采取阻止出境的措施需要必要的环节和程序，以保证离境清税制度的实施。税务机关提请办理阻止出境，需向公安部门提供以下资料：(1) 阻止欠税人出境申请表；(2) 阻止出境布控通知书；(3) 企业税务登记证复印件；(4) 企业营业执照复印件；(5) 税务处理决定书或企业欠税有关资料；(6) 欠税人（或法人代表）身份证及护照、回乡证等有效证件。

【法条指引】

中华人民共和国税收征收管理法

第四十四条　欠缴税款的纳税人或者他的法定代表人需要出境的，应当在出境前向税务机关结清应纳税款、滞纳金或者提供担保。未结清税款、滞纳金，又不提供担保的，税务机关可以通知出境管理机关阻止其出境。

税收征收管理法实施细则

第七十四条　欠缴税款的纳税人或者其法定代表人在出境前未按照规定结清应纳税款、滞纳金或者提供纳税担保的，税务机关可以通知出入境管理机关阻止其出境。阻止出境的具体办法，由国家税务总局会同公安部制定。

▶ 10. 如何进行纳税担保？

【宣讲要点】

税收保障法律制度是税收征管法律制度的重要组成部分，其主要包括纳税担保制度、税收保全制度和税收强制制度。纳税担保，是指经税务机关同意或者确认，纳税人或者其他自然人、法人、经济组织以担保、抵押、质押的方式，为纳税人应当缴纳的税款和滞纳金提供担保的一项法律制度。纳税担保一般可分为纳税保证、纳税抵押和纳税质押三类，实行纳税担保有利于提高税法的亲和力，保障税收债权的安全。

第一，纳税担保的适用条件：

（1）税务机关有根据认为从事生产、经营的纳税人有逃避纳税义务行为，在规定的纳税期之前经责令其限期缴纳应纳税款，在限期内发现纳税人有明显的转移、隐匿其应纳税的商品、货物以及其他财产或者应纳税收入的迹象，责成纳税人提供纳税担保的；

（2）欠缴税款、滞纳金的纳税人或者其法定代表人需要出境的；

（3）纳税人同税务机关在纳税上发生争议而未缴清税款，需要申请行政复议的；

（4）税收法律、行政法规规定可以提供纳税担保的其他情形。

第二，纳税担保的范围。纳税担保范围包括税款、滞纳金和实现税款、滞纳金的费用。费用包括抵押、质押登记费用，质押保管费用，以及保管、拍卖、变卖担保财产等相关费用支出。

用于纳税担保的财产、权利的价值不得低于应当缴纳的税款、滞纳金，并考虑相关的费用。纳税担保的财产价值不足以抵缴税款、滞纳金的，税务机关应当向提供担保的纳税人或纳税担保人继续追缴。

第三，纳税担保实施程序：

（1）发出提供纳税担保通知书。税务机关责成纳税人提供纳税担保，应当向纳税人发出提供纳税担保通知书。本通知书是责成纳税人提供纳税担保程序的开始，也是确认纳税人不能按照规定提供纳税担保而采取税收保全措施，或可能阻止纳税人出境，或可能不受理纳税人行政复议的重要法律依据。

（2）审查纳税担保人或物的资格。纳税人提供纳税担保人担保其履行纳税义务的，税务机关要审查其担保资格、担保能力等具体情况；纳税人以未设置抵押权、留置权和质权的财产提供担保的，须向税务机关提供其财产证明，经税务机关审查认定。

（3）签订纳税担保书或填写纳税担保财产清单。纳税担保人同意为纳税人提供纳税担保的，须签订纳税担保书，写明担保对象、担保范围、担保期限、担保责任及其他有关事项。经税务机关、纳税人、纳税担保人三方签字盖章并经税务机关审批后方为生效。纳税人以其所拥有的未设置抵押权、留置权和质权的财产作为纳税担保的，应当填写纳税担保财产清单，并写明担保财产的价值以及其他有关事项。经税务机关、纳税人双方签字经税务机关审批后生效。纳税担保书、纳税担保财产清单是纳税担保关系成立的重要标志。

（4）纳税担保的终结。纳税人在担保期限内缴纳了税款，或者纳税担保人在纳税人不能依法履行纳税义务时缴纳了应担保的税额，纳税担保关系终止。纳税人应税期限内没有缴纳税款，纳税担保人也未按照规定担保应担保的税款，税务机关责令其限期改正，逾期不改正的，税务机关可采取税收强制执行措施。

【典型案例】

A 公司是某县王某经营的一家造纸企业，该企业欠缴税款 70 万元。身为 A 公司的法定代表人王某准备出国，但不能在出境前清缴税款，税务机关要求其提供相应的担保。A 公司承诺在 2013 年 5 月 25 前结清欠缴税款与滞纳金，并提出由 B 公司作保证人。A、B 公司签订了纳税担保协议书，并得到主管税务机关的确认。至 2013 年 5 月 25 日，A 公司仍无法缴纳税款，税务机关根据该公司目前确实无法纳税的现状，约定 2013 年 8 月 20 日之前清缴。到了 8 月 20 日该公司仍无法清缴，此时税务机关要求 B 公司代为偿还。

【专家评析】

首先，是 A 公司可以采取的担保方式。根据《税收征收管理法实施细则》第 61 条和《纳税担保试行办法》规定，经税务机关同意或者确认，纳税人或其他自然人、法人、经济组织以保证、抵押、质押的方式，为纳税人应当缴纳的税款和滞纳金提供担保。

其次，是 B 公司自身有欠税时能否作为纳税人的保证人的问题。根据《税收征收管理法实施细则》第 61 条和《纳税担保试行办法》规定，法人或其他经济组织的财务报表净资产值超过需要担保的税额及其滞纳金2倍以上的，自然人、法人、其他经济组织所拥有的依法可处分的未设置担保的财产的价值超过需要担保的税额与滞纳金的，为具有纳税担保能力。此外，国家机关、学校、幼儿园、医院等事业单位、社会团体不得作为纳税保证人，企业法人分支机构有法人书面授权的，可以在授权范围内提供担保。

有以下情形之一的，不得作为纳税保证人：（1）有偷税、抗税、骗税、逃避追缴欠税行为被税务机关、司法机关追究过法律责任未满2年的；（2）因有税收违法行为正在被税务机关立案处理或涉嫌刑事犯罪被司法机关立案侦查的；（3）纳税信誉等级被评为C级以下的；（4）在主管税务机关所在地的市（地、州）没有住所的自然人或税务登记不在本市（地、州）的企业；（5）无民事行为能力或限制民事行为能力的自然人；（6）与纳税人存在担保关联关系的；（7）有欠税行为的。

最后，是税务机关要求B公司代偿的行为是否正确的问题：

（1）《纳税担保试行办法》规定，保证期间为纳税人应缴纳税款期限届满之日起60日，即税务机关自纳税人应缴纳税款的期限届满之日起60日内有权要求纳税保证人承担保证责任，缴纳税款、滞纳金。履行保证责任的期限为15日，即纳税保证人应当自收到税务机关的纳税通知书之日起15日内履行保证责任，缴纳税款及滞纳金。纳税保证期间内税务机关未通知纳税保证人缴纳税款及滞纳金以承担担保责任的，纳税保证人免除担保责任。

（2）纳税人在规定的期限届满未缴清税款及滞纳金，税务机关在保证期限内书面通知纳税保证人的，纳税保证人应按照纳税担保书约定的范围，自收到纳税通知书之日起15日内缴纳税款及滞纳金，履行担保责任。

（3）纳税保证人未按照规定的履行保证责任的期限缴纳税款及滞纳金的，由税务机关发出责令限期缴纳通知书，责令纳税保证人在限期15日内缴纳；逾期仍未缴纳的，经县以上税务局（分局）局长批准，对纳税保证人采取强制执行措施，通知其开户银行或其他金融机构从其存款中扣缴所担保的纳税人应缴纳的税款、滞纳金，或扣押、查封、拍卖、变卖其价值相当于所担保的纳税人应缴纳的税款、滞纳金的商品、货物或者其他财产，以拍卖、变卖所得抵缴担保的税款、滞纳金。

本案中，主管税务机关所确认的纳税保证期限是2013年5月25日，而主管机关要求其承担保证责任的时间为2013年8月20日，其提出要求的时间已经超出60天的纳税保证期，所以B公司应当免除担保责任。

【法条指引】

中华人民共和国税收征收管理法

第三十八条 税务机关有根据认为从事生产、经营的纳税人有逃避纳税义务行为的，可以在规定的纳税期之前，责令限期缴纳应纳税款；在限期内发现纳税人有明显的转移、隐匿其应纳税的商品、货物以及其他财产或者应纳税的收入的迹象的，税务机关可以责成纳税人提供纳税担保。如果纳税人不能提供纳税担保，经县以上税务局（分局）局长批准，税务机关可以采取下列税收保全措施：

（一）书面通知纳税人开户银行或者其他金融机构冻结纳税人的金额相当于应纳税款的存款；

（二）扣押、查封纳税人的价值相当于应纳税款的商品、货物或者其他财产。

纳税人在前款规定的限期内缴纳税款的，税务机关必须立即解除税收保全措施；限期期满仍未缴纳税款的，经县以上税务局（分局）局长批准，税务机关可以书面通知纳税人开户银行或者其他金融机构从其冻结的存款中扣缴税款，或者依法拍卖或者变卖所扣押、查封的商品、货物或者其他财产，以拍卖或者变卖所得抵缴税款。

个人及其所扶养家属维持生活必需的住房和用品，不在税收保全措施的范围之内。

第四十三条 税务机关滥用职权违法采取税收保全措施、强制执行措施，或者采取税收保全措施、强制执行措施不当，使纳税人、扣缴义务人或者纳税担保人的合法权益遭受损失的，应当依法承担赔偿责任。

第八十八条 纳税人、扣缴义务人、纳税担保人同税务机关在纳税上发生争议时，必须先依照税务机关的纳税决定缴纳或者解缴税款及滞纳金或者提供相应的担保，然后可以依法申请行政复议；对行政复议决定不服的，可以依法向人民法院起诉。

当事人对税务机关的处罚决定、强制执行措施或者税收保全措施不服的，可以依法申请行政复议，也可以依法向人民法院起诉。

当事人对税务机关的处罚决定逾期不申请行政复议也不向人民法院起诉、又不履行的，作出处罚决定的税务机关可以采取本法第四十条规定的强制执行措施，或者申请人民法院强制执行。

税收征收管理法实施细则

第六十一条 税收征管法第三十八条、第八十八条所称担保，包括经税务机关认可的纳税保证人为纳税人提供的纳税保证，以及纳税人或者第三人以其未设置或者未全部设置担保物权的财产提供的担保。

纳税保证人，是指在中国境内具有纳税担保能力的自然人、法人或者其他经济组织。

法律、行政法规规定的没有担保资格的单位和个人，不得作为纳税担保人。

第六十二条 纳税担保人同意为纳税人提供纳税担保的，应当填写纳税担保书，写明担保对象、担保范围、担保期限和担保责任以及其他有关事项。担保书须经纳税人、纳税担保人签字盖章并经税务机关同意，方为有效。

纳税人或者第三人以其财产提供纳税担保的，应当填写财产清单，并写明财产价值以及其他有关事项。纳税担保财产清单须经纳税人、第三人签字盖章并经税务机关确认，方为有效。

第七十三条 从事生产、经营的纳税人、扣缴义务人未按照规定的期限缴纳或者解缴税款的，纳税担保人未按照规定的期限缴纳所担保的税款的，由税务机关发出限期缴纳税款通知书，责令缴纳或者解缴税款的最长期限不得超过15日。

第七十四条　欠缴税款的纳税人或者其法定代表人在出境前未按照规定结清应纳税款、滞纳金或者提供纳税担保的，税务机关可以通知出入境管理机关阻止其出境。阻止出境的具体办法，由国家税务总局会同公安部制定。

▶ 11. 什么是税收代位权与撤销权？

【宣讲要点】

代位权和撤销权本是合同保全制度的两种手段，税收征收管理法为了保证税务机关及时、足额追回由于债务关系造成的、过去难以征收的税款，赋予税务机关可以在特定情况下依法行使代位权和撤销权。

代位权，是指在债务人怠于行使其债权，危及债权的实现时，债权人应代债务者行使其权力，即代替债务人对其债务人即第三人提起诉讼，请求第三人给付的权力；

撤销权，是指在债务人作出无偿处分或以明显低价处分财产给第三人而有害于债权人的行为时，债权人有请求人民法院予以撤销的权利。

从上述表述可以看出，税收代位权与税收撤销权不同在于，税收代位权是针对纳税人因消极不行使其权利而导致国家税款无法及时征收的情形；税收撤销权是针对纳税人因积极处分其财产导致其责任财产减少，从而使国家税款无法及时征收的情形。

【典型案例】

常州市国家税务局第一税务分局作为原告，起诉被告常州市某科技环保有限公司在欠税期间将其主要生产经营设备无偿转让给武进区某环保设备厂（被告与第三人为关联企业）。原告第一税务分局依据《中华人民共和国税收征收管理法》第50条相关规定，依法向人民法院请求行使税收撤销权，撤销被告与第三人之间的无偿转让行为，追缴被告所欠税款。

经过法庭调查、双方辩论、最后陈述等开庭审理程序，人民法院认为被告欠税事实成立，并且无偿转让资产的行为客观真实存在。最终，法院依法当庭作出判决：原告追缴欠税的行为合法有效，负有偿还欠税义务的被告将其生产经营设备无偿转让给不负有偿还义务的第三人的行为无效，原告的主张予以支持。

第一税务分局经过前期充分的调查取证，在市国税局法规处的大力指导与协助下，依法行使税收撤销权，挽回了国家税收损失。

【专家评析】

税收代位权，是指欠缴税款的纳税人怠于行使其到期债权而对国家税收即税收债权造成损害时，由税务机关以自己的名义代替纳税人行使其债权的权力。

税收代位权的行使条件是：

(1) 纳税人欠缴税款。在税收法律关系中，纳税人作为一方主体，只要发生了税法规定的行为或事实，就必须依照税法规定，以其全部责任财产依法履行纳税义务。此时，作为债权人的代表国家行使税收债权的税务机关与作为债务人的纳税人之间就形成了一种合法的债权债务关系，且不存在无效或可撤销之因素。纳税人未缴或少缴应纳税款即构成欠缴税款。

(2) 纳税人怠于行使到期债权。首先，纳税人应履行之税收债务已经到期。这意味着纳税人不仅应当对次债务人享有债权，而且次债权已经到期。其次，纳税人怠于行使到期债权。怠于行使，是指纳税人能够通过诉讼或仲裁的方式向次债务人主张权利，但一直未主张权利。

(3) 纳税人怠于行使权利的行为已经对国家税收造成损害。即只有在纳税人应缴税款已经到期且纳税人怠于行使的情况下，才能判断纳税人的该行为是否有害于国家税收。

(4) 代位权的客体必须适当。税务机关行使代位权只能通过向人民法院提起诉讼的方式来行使，而不是由税务机关的执法行为直接实现。

税务机关的代位诉讼请求应当受到以下限制：

(1) 税务机关行使代位权的范围应以达到保全税款的程度为限。根据传统民法债法理论，如果应代位行使的债权人权利的财产价值，超过债权保全的程度时，就应该在必要的限度内，分割债务人权利来行使。但对于不能分割的，可以行使全部的权利。这表明税务机关在行使代位权时，行使的范围不得超过保全税款的程度。如果超过保全税款的程度，应当分割行使纳税人的权利。只有在不能分割行使时，才能行使全部权利，并应将超出部分价值归还于纳税人。

（2）税务机关代位请求的标的额以纳税人对其债务人所享有的债权数额为限。根据《最高人民法院关于运用〈中华人民共和国合同法〉若干问题的解释（一）》第21条规定："在代位权诉讼中，债权人行使代位权的请求数额超过债务人所负债务额或者超过次债务人对债务人所负债务额的，对超过部分人民法院不予支持。"这表明税务机关在行使代位权时，请求的范围不得超过纳税人对其债务人所享有的债权数额。

税收撤销权，是指税务机关对欠缴税款的纳税人滥用财产处分权而对国家税收造成损害的行为，请求法院予以撤销的权利。它是税收法律关系与撤销权制度结合的产物。

构成撤销的事由包括：

（1）欠缴税款的纳税人放弃到期债权。这是抛弃权利的单方行为，这一行为影响了其履行债务的能力。

（2）无偿转让财产。其效果与放弃到期债权相同，都导致其履行债务能力的降低。

（3）以明显不合理的低价转让财产。

（4）给国家税收债权造成损害。

另外对于放弃到期债权、无偿转让财产的行为无论纳税人的主观心理状态如何，只要客观上导致其责任财产的减少，对实现国家税款造成损害，税务机关都可以行使税收撤销权。

根据法律的规定，税务机关行使撤销权的方式是诉讼方式，而不是由税务机关的执法行为直接实现。

【法条指引】

中华人民共和国税收征收管理法

第五十条 欠缴税款的纳税人因怠于行使到期债权，或者放弃到期债权，或者无偿转让财产，或者以明显不合理的低价转让财产而受让人知道该情形，对国家税收造成损害的，税务机关可以依照合同法第七十三条、第七十四条的规定行使代位权、撤销权。

税务机关依照前款规定行使代位权、撤销权的，不免除欠缴税款的纳税人尚未履行的纳税义务和应承担的法律责任。

▶ 12. 多缴税款如何申请返还?

【宣讲要点】

纳税人有依法纳税的义务，但既不能少缴税款，也不应多缴税款。申请退还多缴税款权，是指纳税人对自身多缴的，超过法律规定应缴税款的部分有依法要求税务机关退还的权利。

多缴的税款分两种。一种是由税务机关发现的多征的税款，此时税务机关应该主动通知纳税人立即办理退还手续，而不能抵顶下期税款；另一种是纳税人自己发现多缴税款，对于这种情况，纳税人可以在自缴纳税款3年内向税务机关提出退还的申请，税务机关及时查实后，应该立即退还，并加退银行同期利息。因为计征税款是税务机关的责任，多征税款，而且由纳税人发现，税务机关是有过错的，应该加退银行同期利息。此规定与有关规定关于少征税款的追征期限一致，给予纳税人更加充分的权利，体现了税收管理的公平性。涉及早已入库的税款，需要从国库退库的，依照法律、行政法规有关国库管理的规定退还。我国《国家金库实施条例细则》规定，国库收纳预算收入的退付，必须在国家规定的退库项目范围内，按照规定的审批程序办理，入库款的退库，按预算收入的级次办理，预算收入的退库，通过转账办理。

【典型案例】

A企业于2010年5月28日发现，该企业2月发生主营业务收入100万元，在3月12日进行申报时将计税依据误录入为1000万元，导致多缴纳营业税税款27万元。该企业于6月18日向主管税务机关提出退税申请，填写了退税文书并提交有关资料。经税务机关审核，于7月5日将多缴税款退还给了A企业，并支付同期存款利息。

【专家评析】

依法纳税包括了按照税法规定的数额纳税，所以纳税人因为计算失误等原因，可以向税务机关申请将多缴纳的税款返还。这是纳税人的权利。那么如何实现申请退还多缴税款呢？

如果税务机关发现纳税人多缴税款的，应当自发现之日起10日内办理退还手续；如果纳税人发现多缴税款，要求退还的，税务机关应当自接到纳税人退还申请之日起30日内查实并办理退还手续。

具体程序：

（1）纳税人应持税务登记证件（按照规定不需要发给税务登记证件的除外），向主管税务机关提出退税申请，并按税务机关的要求填写退税申请文书和提供相关资料。

（2）税务机关受理和审批完成后，将纳税人多缴的税款按规定程序在规定时间内退还。

【法条指引】

中华人民共和国税收征收管理法

第五十一条　纳税人超过应纳税额缴纳的税款，税务机关发现后应当立即退还；纳税人自结算缴纳税款之日起三年内发现的，可以向税务机关要求退还多缴的税款并加算银行同期存款利息，税务机关及时查实后应当立即退还；涉及从国库中退库的，依照法律、行政法规有关国库管理的规定退还。

税收征收管理法实施细则

第七十八条 税务机关发现纳税人多缴税款的，应当自发现之日起10日内办理退还手续；纳税人发现多缴税款，要求退还的，税务机关应当自接到纳税人退还申请之日起30日内查实并办理退还手续。

税收征管法第五十一条规定的加算银行同期存款利息的多缴税款退税，不包括依法预缴税款形成的结算退税、出口退税和各种减免退税。

退税利息按照税务机关办理退税手续当天中国人民银行规定的活期存款利率计算。

第七十九条 当纳税人既有应退税款又有欠缴税款的，税务机关可以将应退税款和利息先抵扣欠缴税款；抵扣后有余额的，退还纳税人。

第四章
税务检查

▶ 1. 在税务检查时是否必须出示税务检查证?

【宣讲要点】

税务检查牵涉其他单位和个人的基本权利和合法利益，是法定行政行为。为切实保护纳税人和扣缴义务人的合法权益，进行税务检查的人员应当持有专门制作的税务检查证件。税务检查证件是税务人员进行税务检查的法定证明，有助于避免非税务人员进行税务检查的现象和杜绝冒充税务检查人员进行的违法犯罪行为，也是保护公民合法权利的必要手段。

税务检查证件可以大致分为三种：一是一般税务检查证，适用对内税收征管中对纳税人或者扣缴义务人的税务检查。二是特别税务检查证，适用于对保密单位的税务检查。以上两种税务检查证件由省级税务机关负责制作、发放和管理。三是涉外税务检查证，适用涉外税收征管，由国家税务总局负责制作、发放和管理。

税务人员在税务检查中应该为被检查人员保守秘密，因为税务机关及其税务工作人员通过税务检查会接触和掌握被检查人的大量的情况、资料，如果泄露出去，会给被检查人员造成重大损失。比如，有关生产经营的商业秘密，有关单位的内设机构工作内容，有关个人的身份资料等，都需要保密。在税务违法案件未彻底查清并且未作出相应处理决定之前，这些情况和资料，关系到单位和个人的财产和隐私，应予以保密。但在有关税务违法案件业已查清，作出相关的处理决定之后，相关的违法情况和资料可以公开，而且还可以在媒体上曝光，以发挥反面教材作用，即使是这样，也应该对需要保密的内容采取依法处理的方法。

在有关税务人员进行税务检查时，未出示税务检查证件的，被检查人员有权拒绝检查，这也是在法上对应设置权利和义务的具体体现。

【典型案例】

2012 年 8 月，某市国税局一分局的税务稽查人员在检查中发现，李某开办了一个小型造纸厂，自 2012 年 1 月开业以来，未办理税务登记，也未缴纳增值税。为此，稽查人员曾多次责令其办理税务登记，依法申报纳税，但李某置之不理。

2012 年 9 月 8 日，一分局对李某下达了《责令限期改正通知书》，责令其在 2012 年 9 月 23 日以前办理税务登记，并按规定办理纳税申报，但李某逾期仍未办理。于是，一分局作出决定，对李某未按规定办理税务登记的行为处以 2000 元罚款；对其逾期未申报的行为按偷税处理，并核定其开业以来应纳增值税 11278 元，同时处以少缴税款 1 倍的罚款。一分局依照法定权限和法定程序，履行了相关手续，由市国税局制作了《税务行政处罚事项告知书》《税务行政处罚决定书》《税务处理决定书》，并送交李某。

李某不服，在依法缴清了税款和滞纳金后，于 2012 年 10 月 25 日，向上一级国税机关申请复议。复议机关审查后认为该案具体行政行为事实清楚、证据确凿、处理适当，维持市国税局作出的处理决定。

李某对复议结果仍不服，于 2012 年 11 月 10 日，向当地人民法院提起行政诉讼，请求人民法院撤销市国税局制作的《税务处理决定书》《税务行政处罚决定书》。

法院经审理认为，市国税局作出的偷税处理决定证据确凿、适用法律法规得当，但税务稽查人员在税务检查时，没有出示税务检查证，属滥用职权，判决市国税局作出的具体行政行为无效。①

【专家评析】

从本案的实质内容上看，税务机关对李某未按规定办理税务登记进行的处罚、对其偷税的认定、对有关执法文书的制作和送达以及取得的证据，均是合法有效的。法院对此没有提出疑问。争议的焦点是税务稽查人员在实施检查时没有出示税务检查证，是不是滥用职权。

根据税收征收管理法第59条规定，税务机关派出的人员进行税务检查时，应当出示税务检查证和税务检查通知书；未出示税务检查证和税务检查通知书的，被检查人有权拒绝检查。由此可见，税务人员对纳税户进行税务检查时，出示检查证是非常必要的。根据法律的有关规定，税务检查是一种要式行政行为，必须出示检查证和检查通知书，才能被确认为合法的行政行为。

同时根据行政诉讼法和行政复议法的有关规定，在税务行政诉讼和税务行政复议中，作为被告和被申请人的税务机关负有举证责任，如果税务机关在行政诉讼和行政复议中，无法证明自己在税务检查时出示过检查证，在行政诉讼和行政复议时很难胜诉。

那么，税务机关在进行税务检查时，应如何证明自己出示过检查证呢？税务人员在税务检查时应当制作《税务检查笔录》，该笔录应当写明税务稽查机关的名称、税务稽查人员、税务稽查时间、税务稽查地点、税务稽查对象，并在笔录上注明税务人员在税务检查时是否出示过税务检查证，然后由稽查对象在笔录上签字或者盖章。

【法条指引】

中华人民共和国税收征收管理法

第五十九条　税务机关派出的人员进行税务检查时，应当出示税

① http：//bbs. esnai. com/thread－4215806－1－1. html，访问日期：2014年5月31日。

务检查证和税务检查通知书，并有责任为被检查人保守秘密；未出示税务检查证和税务检查通知书的，被检查人有权拒绝检查。

税收征收管理法实施细则

第八十九条 税务机关和税务人员应当依照税收征管法及本细则的规定行使税务检查职权。

税务人员进行税务检查时，应当出示税务检查证和税务检查通知书；无税务检查证和税务检查通知书的，纳税人、扣缴义务人及其他当事人有权拒绝检查。税务机关对集贸市场及集中经营业户进行检查时，可以使用统一的税务检查通知书。

税务检查证和税务检查通知书的式样、使用和管理的具体办法，由国家税务总局制定。

▶ 2. 什么是税务检查?

【宣讲要点】

税务检查，是指税务机关以国家税收法律、行政法规为依据，对纳税人、扣缴义务人履行纳税义务和扣缴义务的情况进行的检查和处理工作的总称。税务检查既包括对纳税人、扣缴义务人履行有关税收程序法方面规定的义务情况的检查，也包括对纳税人、扣缴义务人履行有关税收实体法方面规定的义务情况的检查。税务检查分为专项检查、专案检查、日常检查等。税务检查是国家赋予税务机关的权力，税务机关是税收检查权的执法机关，税务检查权是税务机关的一项行政执法权。税务检查是查处税收违法行为，保障税收收入，维护税收秩序，促进纳税人、扣缴义务人依法纳税，保证税法顺利实施的重要保障。

税收征收管理法第 4 章和《税法征收税收征管法实施细则》第 6 章专门对税务检查中的税务机关的权利与义务，纳税人、扣缴义务人和有关单位的权利和义务等内容作了详细规定。此外，国家税务总局制定的《税务稽查工作规程》明确了稽查局在进行日常稽查、专项稽查、专案稽查时的具体工作程序，只要不与税收征收管理法冲突的部分，现在仍适用。而且《税务稽查工作规程》全面系统地对税务检查工作进行了规范，使税务稽查走向专业化管理，更加突出了税务检查的地位和作用。

【典型案例】

税务稽查人员在案件筛选中发现某市区一汽车配件制造有限公司甲公司，2006年实现收入3256950元，主营业务利润297033.84元，营业外支出625008.705元，利润－327974.865元，该企业销售毛利率为9.12%，但是销售利润却为－10.07%，亏损达到近33万元。于是将甲公司列为审查对象，对2006年甲公司税务情况进行检查，稽查人员刘某和李某前去检查。在检查中刘某发现某一技术资料正是自己的朋友需要的技术，于是以收集证据为由，将其复制带回，偷交给朋友，经检查发现甲公司在账簿上少列收入550000元，多列支出162300元。[①]

【专家评析】

首先，是关于稽查人员检查方式的问题。根据税收征收管理法第54条规定，稽查人员可以采用下列检查方式：一是检查纳税人的账簿、记账凭证、报表和有关资料，检查扣缴义务人代扣代缴、代收代缴税款账簿、记账凭证和有关资料；二是到纳税人的生产、经营场所和货物存放地检查纳税人应纳税的商品、货物或者其他财产，检查扣缴义务人与代扣代缴、代收代缴税款有关的经营情况；三是责成纳税人、扣缴义务人提供与纳税或者代扣代缴、代收代缴税款有关的文件、证明材料和有关资料；四是询问纳税人、扣缴义务人与纳税或者代扣代缴、代收代缴税款有关的问题和情况；五是到车站、码头、机场、邮政企业及其分支机构检查纳税人托运、邮寄应纳税商品、货物或者其他财产的有关单据、凭证和有关资料。

其次，关于税务机关的行为是否违法的问题。根据税收征收管理法第87条规定，未按照本法规定为纳税人、扣缴义务人、检举人保密的，对直

---

① 张怡等编：《税法案例教程》，清华大学出版社2008年版，第271页。

接负责的主管人员和其他直接责任人员，由所在单位或者有关单位依法给予行政处分。本案中，稽查人员刘某是税务机关的工作人员，对被检查单位负有保密义务，然而刘某却在检查过程中以收集证据为由，将该企业的技术资料泄露给了朋友。显然，刘某的行为违反了法定的保密义务，按照税收征收管理法第87条的规定，作为直接责任人员，刘某应该由所在的单位或者有关单位依法给予行政处分，该税务机关的直接负责的主管人员，也应该承担相应的行政处分责任。

再次，若刘某的行为具有较大的社会危害性，对该企业造成了严重的损害，则刘某的行为触犯了刑法第219条的规定，构成侵犯商业秘密罪，应当承担相应的刑事法律责任。在税务实践中，税务机关及其工作人员在检查时，往往会接触被检查人员的许多商业秘密。所以需要通过法律和其他的配套措施对税务机关及其工作人员保守被检查企业的商业秘密作出规定。

最后，关于甲公司是否构成偷税罪的问题。税收征收管理法第63条第1款规定，纳税人伪造、变造、隐匿、擅自销毁账簿、记账凭证，或者在账簿上多列支出或者不列、少列收入，或者经税务机关通知申报而拒不申报或者进行虚假的纳税申报，不缴或者少缴应纳税款的，是偷税。对纳税人偷税的，由税务机关追缴其不缴或者少缴的税款、滞纳金，并处不缴或者少缴的税款50%以上5倍以下的罚款；构成犯罪的，依法追究刑事责任。

本案中，虽然在2006年度甲公司在账簿上少列收入，多列支出，并且未按照税法的规定对企业所得税的应纳税额进行调整，但未造成少交税款的后果。因此，甲公司的行为不足以构成偷税罪，只能将甲公司的行为定性为编造虚假的计税依据，按照税收征收管理法第64条第1款的规定，纳税人、扣缴义务人编造虚假计税依据的，由税务机关责令限期改正，并处5万元以下的罚款。主管机关可以责令甲公司限期改正，并对该公司处以5万元以下的罚款。

【法条指引】

中华人民共和国税收征收管理法

第五十四条　税务机关有权进行下列税务检查：

（一）检查纳税人的帐簿、记帐凭证、报表和有关资料，检查扣缴义务人代扣代缴、代收代缴税款帐簿、记帐凭证和有关资料；

（二）到纳税人的生产、经营场所和货物存放地检查纳税人应纳税的商品、货物或者其他财产，检查扣缴义务人与代扣代缴、代收代缴税款有关的经营情况；

（三）责成纳税人、扣缴义务人提供与纳税或者代扣代缴、代收代缴税款有关的文件、证明材料和有关资料；

（四）询问纳税人、扣缴义务人与纳税或者代扣代缴、代收代缴税款有关的问题和情况；

（五）到车站、码头、机场、邮政企业及其分支机构检查纳税人托运、邮寄应纳税商品、货物或者其他财产的有关单据、凭证和有关资料；

（六）经县以上税务局（分局）局长批准，凭全国统一格式的检查存款帐户许可证明，查询从事生产、经营的纳税人、扣缴义务人在银行或者其他金融机构的存款帐户。税务机关在调查税收违法案件时，经设区的市、自治州以上税务局（分局）局长批准，可以查询案件涉嫌人员的储蓄存款。税务机关查询所获得的资料，不得用于税收以外的用途。

第五十六条　纳税人、扣缴义务人必须接受税务机关依法进行的税务检查，如实反映情况，提供有关资料，不得拒绝、隐瞒。

第五十七条　税务机关依法进行税务检查时，有权向有关单位和个人调查纳税人、扣缴义务人和其他当事人与纳税或者代扣代缴、代收代缴税款有关的情况，有关单位和个人有义务向税务机关如实提供有关资料及证明材料。

第五十八条 税务机关调查税务违法案件时，对与案件有关的情况和资料，可以记录、录音、录像、照相和复制。

第五十九条 税务机关派出的人员进行税务检查时，应当出示税务检查证和税务检查通知书，并有责任为被检查人保守秘密；未出示税务检查证和税务检查通知书的，被检查人有权拒绝检查。

税收征收管理法实施细则

第八十五条 税务机关应当建立科学的检查制度，统筹安排检查工作，严格控制对纳税人、扣缴义务人的检查次数。

税务机关应当制定合理的税务稽查工作规程，负责选案、检查、审理、执行的人员的职责应当明确，并相互分离、相互制约，规范选案程序和检查行为。

税务检查工作的具体办法，由国家税务总局制定。

第八十六条 税务机关行使税收征管法第五十四条第（一）项职权时，可以在纳税人、扣缴义务人的业务场所进行；必要时，经县以上税务局（分局）局长批准，可以将纳税人、扣缴义务人以前会计年度的账簿、记账凭证、报表和其他有关资料调回税务机关检查，但是税务机关必须向纳税人、扣缴义务人开付清单，并在3个月内完整退还；有特殊情况的，经设区的市、自治州以上税务局局长批准，税务机关可以将纳税人、扣缴义务人当年的账簿、记账凭证、报表和其他有关资料调回检查，但是税务机关必须在30日内退还。

第八十九条 税务机关和税务人员应当依照税收征管法及本细则的规定行使税务检查职权。

税务人员进行税务检查时，应当出示税务检查证和税务检查通知书；无税务检查证和税务检查通知书的，纳税人、扣缴义务人及其他当事人有权拒绝检查。税务机关对集贸市场及集中经营业户进行检查时，可以使用统一的税务检查通知书。

税务检查证和税务检查通知书的式样、使用和管理的具体办法，由国家税务总局制定。

第五章 法律责任

▶ 1. 偷税要承担什么法律责任？

【宣讲要点】

偷税，是指纳税人故意违反税收法规，采用欺骗、隐瞒等方式逃避纳税的违法行为。如为了少缴纳或不缴纳应纳税款，有意少报、瞒报应税项目、销售收入和经营利润；有意虚增成本、乱摊费用，缩小应税所得额；转移财产、收入和利润；伪造、涂改、销毁账册票据或记账凭证等。对纳税人偷税的，由税务机关追缴其不缴或者少缴的税款、滞纳金，并处不缴或者少缴的税款50%以上5倍以下的罚款。偷税损害了国家利益，如果触犯了国家刑法，构成偷税罪，属于破坏社会主义经济秩序罪的一种，对构成偷税罪的要依法惩处。

另外，代扣代缴、代收代缴义务人如果违反了国家的税收法律、法规，同样需要承担相应的行政法律责任或者刑事责任。代扣代缴、代收代缴义务人并不是真正的税款负责者，只是受国家法律指定代位履行征收税款的职责，同时承担着交纳税款的义务。纳税人的纳税义务并不因代扣代缴、代收代缴义务人的存在发生改变。税收征收管理法第69条明确规定，扣缴义务人应扣未扣、应收而不收税款的，由税务机关向纳税人追缴税款，对扣缴义务人处应扣未扣、应收未收税款50%以上3倍以下的罚款。

【典型案例】

2007年9月某市地方税务局检查发现，该辖区内的某食品加工厂，为了加快企业发展，解决资金不足的问题，从2005年5月开始，以协议约定利率6%的形式，分3次累计集资900余万元，并从2005年7月开始向集资者发放利息。在对财务人员进行询问的时候，该公司的财务人员对上述事实一一承认，在被问及为何不代扣个人所得税时，该公司财务人员表示，公司集资不同于银行存款，如果公司发生亏损，集资者的资金会遭到无法收回的风险。因此，该公司法人及财务人员个人理解，企业员工的集资行为更类似于购买股票，因为同样是承担了较大的资金风险，集资利息应该等同于炒股收益对待。既然我国目前对股票收益尚未开征资本利得税，那么该公司的集资行为也不应该缴纳个人所得税。

税务检查人员当场纠正了该企业的错误认识，并就相关的税收政策进行了宣讲，该企业发放的集资利息必须按照规定代扣20%的个人所得税。经过进一步检查查明，从2005年7月开始，该企业累计发放利息420万元，未代扣代缴个人所得税84万元。①

【专家评析】

依照税收征收管理法第63条的规定，逃税的手段有以下几种：一是伪造（设立虚假的账簿、记账凭证）、变造（对账簿、记账凭证进行挖补、涂改等）、隐匿、擅自销毁账簿、记账凭证等；二是在账簿上多列支出（以冲抵或减少实际收入）或者不列、少列收入；三是不按照规定办理纳税申报，经税务机关通知申报仍然拒不申报；四是进行虚假的纳税申报，即在纳税申报过程中制造虚假情况，比如，不如实填写或者提供纳税申报表、财务会计报表及其他的纳税资料等。

本案中，获得集资利息的企业职工是纳税义务人，支付利息的食品加工厂为扣缴义务人，食品加工厂未按照相关税收政策的规定，代扣职工利息

---

① 张怡等编：《税法案例教程》，清华大学出版社2008年版，第287页。

所得税，因此，本案中的责任人应该是未履行代扣代缴义务的食品加工厂。

首先，关于责任人承担刑事责任或者行政责任的问题。本案中，扣缴义务人从一开始就没有对纳税人的应纳税款进行代扣，因此属于税收征收管理法第69条规定的应扣未扣、应收未收税款的情形。按照法律的规定，扣缴义务人应该承担行政责任而非刑事责任。税务机关可对食品加工厂处以应扣未扣、应收未收税款50%以上3倍以下的罚款。

其次，关于扣缴义务人故意不代扣代缴税款应该承担行政责任还是刑事责任的问题。本案中，如果食品加工厂并非由于对政策的理解错误，而是出于偷逃税款的主观故意，并且采取了伪造记账凭证等税法规定的逃税手段，在此种情况下，其不代扣个人所得税的行为看似应该承担刑事责任。但是必须注意的是，税收征收管理法第63、第64、第69条共同规定了，只有当扣缴义务人已经向纳税人代扣了税款，并且采取逃税手段不缴或者少缴已扣税款的，才构成偷税行为，才有可能构成刑事犯罪，承担刑事责任。其他情况下，不管扣缴义务人是否故意，采取何种手段，其不代扣应收税款的行为，法律上都只为其设定了行政责任。

【法条指引】

中华人民共和国税收征收管理法

第四条　法律、行政法规规定负有纳税义务的单位和个人为纳税人。

法律、行政法规规定负有代扣代缴、代收代缴税款义务的单位和个人为扣缴义务人。

纳税人、扣缴义务人必须依照法律、行政法规的规定缴纳税款、代扣代缴、代收代缴税款。

第六十三条　纳税人伪造、变造、隐匿、擅自销毁帐簿、记帐凭证，或者在帐簿上多列支出或者不列、少列收入，或者经税务机关通知申报而拒不申报或者进行虚假的纳税申报，不缴或者少缴应纳税款的，是偷税。对纳税人偷税的，由税务机关追缴其不缴或者少缴的税款、滞纳金，并处不缴或者少缴的税款百分之五十以上五倍以下的罚款；构成犯罪的，依法追究刑事责任。

扣缴义务人采取前款所列手段，不缴或者少缴已扣、已收税款，由税务机关追缴其不缴或者少缴的税款、滞纳金，并处不缴或者少缴的税款百分之五十以上五倍以下的罚款；构成犯罪的，依法追究刑事责任。

第六十九条 扣缴义务人应扣未扣、应收而不收税款的，由税务机关向纳税人追缴税款，对扣缴义务人处应扣未扣、应收未收税款百分之五十以上三倍以下的罚款。

第七十条 纳税人、扣缴义务人逃避、拒绝或者以其他方式阻挠税务机关检查的，由税务机关责令改正，可以处一万元以下的罚款；情节严重的，处一万元以上五万元以下的罚款。

第七十七条 纳税人、扣缴义务人有本法第六十三条、第六十五条、第六十六条、第六十七条、第七十一条规定的行为涉嫌犯罪的，税务机关应当依法移交司法机关追究刑事责任。

税务人员徇私舞弊，对依法应当移交司法机关追究刑事责任的不移交，情节严重的，依法追究刑事责任。

中华人民共和国个人所得税法

第八条 个人所得税，以所得人为纳税义务人，以支付所得的单位或者个人为扣缴义务人。个人所得超过国务院规定数额的，在两处以上取得工资、薪金所得或者没有扣缴义务人的，以及具有国务院规定的其他情形的，纳税义务人应当按照国家规定办理纳税申报。扣缴义务人应当按照国家规定办理全员全额扣缴申报。

第九条 扣缴义务人每月所扣的税款，自行申报纳税人每月应纳的税款，都应当在次月十五日内缴入国库，并向税务机关报送纳税申报表。

工资、薪金所得应纳的税款，按月计征，由扣缴义务人或者纳税义务人在次月十五日内缴入国库，并向税务机关报送纳税申报表。特定行业的工资、薪金所得应纳的税款，可以实行按年计算、分月预缴的方式计征，具体办法由国务院规定。

个体工商户的生产、经营所得应纳的税款，按年计算，分月预缴，由纳税义务人在次月十五日内预缴，年度终了后三个月内汇算清缴，多退少补。

对企事业单位的承包经营、承租经营所得应纳的税款，按年计算，由纳税义务人在年度终了后三十日内缴入国库，并向税务机关报送纳税申报表。纳税义务人在一年内分次取得承包经营、承租经营所得的，应当在取得每次所得后的十五日内预缴，年度终了后三个月内汇算清缴，多退少补。

从中国境外取得所得的纳税义务人，应当在年度终了后三十日内，将应纳的税款缴入国库，并向税务机关报送纳税申报表。

▶ 2. 非因扣缴义务人原因未扣缴税款的如何处理？

【宣讲要点】

首先，因故未缴、少缴税款责任如果是税务机关，此时，税务机关可以在纳税人、扣缴义务人应纳税款或者结算之日起 3 年内，要求纳税人或者扣缴义务人补交税款，但不加收滞纳金。

其次，各依法应该履行代扣、代收税款的单位未严格依法办事，不履行该法定义务时，由税务机关处理。由税务机关向纳税人追缴税款，防止税款流失，当然，有关的扣缴义务人应该给予协助。对扣缴义务人未履行法定义务，也要进行行政处罚，由税务机关对其处以应扣未扣、应缴未缴税款 50% 以上 3 倍以下的罚款。

【典型案例】

近日，某市地税局在对该市某居民企业纳税人检查过程中，发现该单位发生一笔境外支付律师费的业务。该单位与国外一客户产生贸易纠纷，在英国伦敦海事法院提起贸易仲裁，并在当地聘请了某律师事务所全权处理法律事务，结算律师费共计60.8万英镑，折合人民币651.25万元，于是向税务局申请开具对外付汇完税证明单。由于地税机关审核疏忽，未对该单位申请付款项目详细审查，在未要求其代扣代缴营业税、城建税及教育费附加36.47万元的情况下，开具了证明，该单位凭此证明向境外支付了该款项。

市地税局认为，由于审核疏忽，导致未要求其代扣代缴税款，属于税务机关的责任，根据税收征管法第52条规定，因税务机关的责任，致使纳税人、扣缴义务人未缴或者少缴税款的，税务机关在3年内可以要求纳税人、扣缴义务人补缴税款，但是不得加收滞纳金。因此，市地税局要求该单位限期补扣补缴税款36.47万元，不处滞纳金和罚款。但该单位向地税局提出了政策异议：地税局已作出证明，费用款项已经支付给对方，难以再补扣营业税等税款，根据税收征管法第69条规定，扣缴义务人应扣未扣税款的，税务机关应向纳税人即英国某律师事务所追缴税款，该单位不再进行代扣代缴，不负任何法律责任。征纳双方在税务机关应如何处理的问题上，产生了分歧。①

【专家评析】

税务机关应当责成扣缴义务人限期补扣税款予以缴纳，不处滞纳金和罚款。理由是尽管扣缴义务人取得了税务机关开具的证明，但该证明是税务机关适用税收法律、行政法规不当基础上开具的，因此，该证明是无效的。虽然税收征收管理法第52条没有明确扣缴义务人少缴的税款是应扣未

---

① http://blog.sina.com.cn/s/blog_3e981df2010141d6.html，访问日期：2014年5月30日。

扣还是已扣未缴，但根据《营业税暂行条例》第11条第1款的规定，中华人民共和国境外的单位或者个人在境内提供应税劳务、转让无形资产或者销售不动产，在境内未设有经营机构的，以其境内代理人为扣缴义务人；在境内没有代理人的，以受让方或者购买方为扣缴义务人。由于英国某律师事务所在我国境内没有代理机构，则该境内纳税人为法定扣缴义务人，这点是无异议的。因此，税务机关应根据《国家税务总局关于贯彻〈中华人民共和国税收征收管理法〉及其实施细则若干具体问题的通知》第2条第3款的规定，扣缴义务人违反税收征收管理法及其《税收征管法实施细则》规定应扣未扣、应收未收税款的，税务机关除按税收征收管理法及《税收征管法实施细则》的有关规定对其给予处罚外，应当责成扣缴义务人限期将应扣未扣、应收未收的税款补扣或补收。从该条文可以看出，案例中居民企业未按规定应扣未扣税款，税务机关除按照税收征收管理法第52条规定，免予滞纳金和处罚外，应责成扣缴义务人限期补扣税款。

从案例中可以看出，由于税务机关工作疏忽，导致了法定扣缴义务人未及时扣缴税款，险些造成税款流失。因此，税务机关应进一步强化和完善涉外税收人员岗位技能培训，建立规范的专业人才培训机制，特别是在对外付汇开具证明方面要进一步加强管理和监督，严格执行执法责任追究制度。

从处理意见的分歧上可以发现，税收征收管理法律、法规条文之间尚存在不衔接的问题，如案例中，对扣缴义务人因不是自身或纳税人原因，而是税务机关的原因导致未扣的，未有明确的条文进行支撑。在实践中，税务机关也难以操作，只能根据相关法理进行解释。

从实际操作来看，税收征收管理法第69条规定中向纳税人追缴税款的方式虽然在法理上具有一定的说服力，但从预防税款流失，节约税收成本的角度上看，该规定存在缺陷。如案例中，税务机关如果向纳税人（英国某律师事务所）追缴税款，税收成本是不可估量的，执行效果是难以保证的。因此，建议从保证国家税款及时足额入库、方便纳税人、降低税收成本的原则出发考虑追缴税款的方式。

【法条指引】

中华人民共和国税收征收管理法

第五十二条 因税务机关的责任，致使纳税人、扣缴义务人未缴或者少缴税款的，税务机关在三年内可以要求纳税人、扣缴义务人补缴税款，但是不得加收滞纳金。

因纳税人、扣缴义务人计算错误等失误，未缴或者少缴税款的，税务机关在三年内可以追征税款、滞纳金；有特殊情况的，追征期可以延长到五年。

对偷税、抗税、骗税的，税务机关追征其未缴或者少缴的税款、滞纳金或者所骗取的税款，不受前款规定期限的限制。

第六十一条 扣缴义务人未按照规定设置、保管代扣代缴、代收代缴税款帐簿或者保管代扣代缴、代收代缴税款记帐凭证及有关资料的，由税务机关责令限期改正，可以处二千元以下的罚款；情节严重的，处二千元以上五千元以下的罚款。

第六十九条 扣缴义务人应扣未扣、应收而不收税款的，由税务机关向纳税人追缴税款，对扣缴义务人处应扣未扣、应收未收税款百分之五十以上三倍以下的罚款。

▶ 3. 未按期纳税申报的应承担什么法律责任？

【宣讲要点】

纳税人未及时办理纳税申报或者扣缴义务人未及时报送扣缴税款，应承担相应的法律责任。我国的税收征收管理是建立在纳税人依法申报纳税，或者扣缴义务人依法报送扣缴义务税款报告表的基础上的。若纳税人不按期进行纳税申报，或者扣缴义务人不依法及时向税务机关提供有关的扣缴税款资料，就会影响税款及时入库，影响国家收入计划。所以对于不按期办理纳税申报的或者报送扣缴报告表的，税务机关责令其限期改正，并依法课处罚款。

【典型案例】

个体工商户张某因事外出未能在申报期内赶回申报，税务机关于当年4月11日向其下达了限期改正通知书，责令其在4月15日前申报，该通知书由其妻子签收。4月15日张某到主管税务机关办理申报时，被告知要处以50元罚款。张某认为其逾期申报行为有客观原因，不能予以处罚，并拒绝缴纳罚款。[①]

【专家评析】

首先，关于税务机关的处罚决定是否合法。从本案情况看，税务机关的处罚决定是合法的。根据税收征收管理法第62条的规定，纳税人未按照规定的期限办理纳税申报和报送纳税有关资料的，由税务机关责令限期改正并可处以2000元以下罚款，情节严重的，可处以2000元以上10000元以下罚款。张某未按规定期限进行纳税申报，又未核准延期申报，对其进行处罚是合法的。

其次，如果张某认为税务机关的处罚决定不合法，应通过何种渠道获得救济。张某对税务机关的处罚决定不服，可在收到处罚决定之日起60日内向上一级税务机关申请复议，也可在接到处罚决定之日起15日内直接向人民法院起诉。

最后，如果税务机关的处罚决定合法，对张某不缴纳罚款的行为，税务机关应如何处理。对张某拒不缴纳罚款的行为，如果其逾期不申请行政复议也不向人民法院起诉、又不履行的，税务机关可以采取强制执行措施，也可以申请人民法院强制执行；同时，按照罚款数额按日加处3%的罚款。

① http://www.cnnsr.com.cn/jtym/swk/20060209/2006020911252910371.shtml，访问日期：2014年5月30日。

【法条指引】

中华人民共和国税收征收管理法

第六十二条 纳税人未按照规定的期限办理纳税申报和报送纳税资料的，或者扣缴义务人未按照规定的期限向税务机关报送代扣代缴、代收代缴税款报告表和有关资料的，由税务机关责令限期改正，可以处二千元以下的罚款；情节严重的，可以处二千元以上一万元以下的罚款。

▶ 4. 编造虚假计税依据及不进行申报应承担什么责任？

【宣讲要点】

税务机关对于纳税人不进行纳税申报，不缴或者少缴应纳税款和纳税人、扣缴义务人编造虚假计税依据要进行行政处罚。

税收征收管理法第 64 条规定了编造虚假计税依据及不进行申报的行政责任。其中第 1 款规定的是，对纳税人、扣缴义务人编造虚假计税依据处以罚款。所谓计税依据，是指计算应纳税额的根据，是征税对象量的表现，有从价计征和从量计征两种。比如，营业税的计税依据是纳税人的营业收入额；资源税的计税依据是纳税人销售或者自用应税产品的数量，如油料吨数或者天然气立方米数等。编造虚假计税依据，就是编造假的价格和数量依据，目的是为了不缴或者少缴税款。这种情况，首先是责令限期改正，并处罚款。因为仅对行为处理，是固定的罚款数额。构成偷税的，还应该按照偷税处理。第 2 款规定的是，不进行纳税申报不缴或者少缴税款，就是隐瞒不报有关的计税依据，除了按照有关规定处理其不依法办理纳税申报事项外，还应该依法进行处理：一是追缴税款和滞纳金；二是罚款，罚款的数额按其不缴或者少缴的税款数额计算。

【典型案例】

原告顾某某诉被告上海某影视制作有限公司姓名权纠纷一案，于2013年8月8日公开开庭进行了审理。

原告顾某某诉称：原告系在校学生。2013年3月，原告父亲收到本市青浦区朱家角镇人民政府出具的本市城乡居民最低生活保障家庭经济状况初步核对报告，该报告称原告在被告处自2012年11月起领取每月3500元的工资。之后，原告父亲至松江区税务部门核实，发现2012年2月、3月、9月，被告也以原告的名义虚列工资以逃税。原告即向税务部门举报，经核实原告反映的情况属实。因被告的行为致使原告家庭申请本市最低生活保障费无法通过审批，原告申请助学贷款等也无法获得通过，给原告的生活带来了重重障碍。故原告起诉要求被告停止侵犯原告姓名权的行为，并在市一级的报刊上向原告赔礼道歉；要求被告赔偿原告交通费298元、档案查询费10元、精神损害抚慰金20000元。

被告上海某影视制作有限公司辩称：此次事件的发生，主要是由于群众演员经纪人误报给公司群众演员的身份资料。在原告向税务机关举报后，被告立即停止了对原告的侵害，并且已经受到了行政处罚，该事件并未对原告造成实质性的损害和生活上的影响。被告愿意当庭向原告赔礼道歉，同时补偿原告的交通费和档案查询费。对于原告主张的其他费用被告不愿意承担。

法院经审理查明：原告系上海应用技术学院在校学生，2011年9月入学，学制4年。原告与被告之间既未签订过劳动合同，也不存在任何劳务关系，被告以原告的名义虚列工资，2011年10月、11月每月虚列工资2800元，2012年2月、3月、9月、11月、12月，2013年1月、2月每月虚列工资3500元。原告父亲顾某平向上海市青浦区朱家角镇人民政府申请城乡居民最低生活保障，上海市居民经济状况核对中心于2013年2月19日接受委托，依法对顾某平家庭（核对对象顾某平、顾某某）的经济状况进行初步核对，并于2013年3月13日出具沪低初核青〔2013〕第0921号《本市城乡居民最低生活保障顾某平申请家庭经济状况初步核对报告》，内容为：原告于2012年11月、12月，2013年1月在被告处每月工资收入3500元。之后，原告将该情况向上海市地方税务局松江区分局反映，经核实后，该税务局于2013年5月3日出具沪地税松4罚二〔2013〕1号《税务行政处罚决定书（二）》，内容为：被告编造虚假计税依据（虚列工资）行为，根据《中华人民共和国税收征收管理法》第64条第1款的规定，处被告2000元罚款。

以上事实，有学生证、在校证明、核对报告、完税证明、涉税检举书面答复、交通费发票、查档费发票、税务行政处罚决定书及当事人陈述等证据予以证实。

【专家评析】

本案是民事姓名权侵权纠纷案，实际上案件中隐藏着一个因为编造虚假计税依据来逃税的行政处罚。本案中的被告在没有征得原告的同意下，私自借用原告的姓名做假的税收支出项目，这种行为既是对原告的民事侵权，更是违反了税收征收管理法第64条的规定，编造虚假计税依据来逃税的行为，给国家的税收收入造成损失。这个案件是被告的一行为触犯数法益的行为，各个被触犯的法益不能被融合，所以要依照不同的法律对被告的违法行为进行处罚。

另外需要注意，纳税人不申报税款和逃税行为区别。在税收征管实务中，纳税人不申报、少申报税款的行为与逃税行为往往较难区分，因为纳税人为达到不申报和少申报的目的，往往会采取一些隐匿收入或者是虚增成本的手段，尽管逃税需要达到一定标准才构成犯罪，但是由于我国刑法规定的偷税罪门槛很低，因此，对于上述两种行为的区分往往是判定纳税人承担行政责任或者刑事责任的重要前提。这就要求执法部门准确把握税收征收管理法第63条所规定的构成偷税行为的条件："纳税人伪造、变造、隐匿、擅自销毁账簿、记账凭证，或者在账簿上多列支出或者不列、少列收入，或者经税务机关通知申报而拒不申报或者进行虚假的纳税申报，不缴或者少缴应纳税款的，是偷税。"偷税行为的构成必须具备三个要件：一是主观故意；二是法律列举的偷税手段；三是不缴或者少缴税款的违法事实。除此之外，其余的纳税人未足额申报税款的行为，在司法实践中不应该被认定为偷税行为。

【法条指引】

中华人民共和国税收征收管理法

第六十四条 纳税人、扣缴义务人编造虚假计税依据的，由税务机关责令限期改正，并处五万元以下的罚款。

纳税人不进行纳税申报，不缴或者少缴应纳税款的，由税务机关追缴其不缴或者少缴的税款、滞纳金，并处不缴或者少缴的税款百分之五十以上五倍以下的罚款。

▶ 5. 欠税且妨碍追缴应承担什么法律责任？

【宣讲要点】

欠税，是指纳税人超过法定或者税务机关规定的纳税期限，未缴或者少缴税款的行为。随着改革开放的不断发展，社会主义市场经济规模放大，纳税主体的经营方式多样化，给税收征管带来新的难度。一些不法分子利用营业时间短，经营地点不固定或者经营活动小范围进行的特点，采取种种手段逃避税务机关的追征，欠税不缴，造成国家税款流失，破坏了税收管理秩序。税收征收管理法第65条和刑法的相关规定为打击这种违法行为提供了法律依据。

欠缴应纳税款，是指税务机关已经了解掌握纳税人的应纳税额，纳税人超过纳税期限仍未缴纳税款，而采取转移或者隐匿财产的手段，逃避税务机关追缴欠税的行为。转移或者隐匿财产，包括从银行账户提取存款，转移资金，隐藏商品、货物和其他财产，以及其他行为。对于这种行为，税务机关应该继续追缴税款，并且加收滞纳金，以示惩罚。构成刑法规定的犯罪的，依法追究刑事责任。单位犯罪的，既处理单位，也处理有关主管人员和直接责任人员。刑法第203条规定："纳税人欠缴应纳税款，采取转移或者隐匿财产的手段，致使税务机关无法追缴欠缴的税款，数额在一万元以上不满十万元的，处三年以下有期徒刑或者拘役，并处或者单处欠缴税款一倍以上五倍以下罚金；数额在十万元以上的，处三年以上七年以下有期徒刑，并处欠缴税款一倍以上五倍以下罚金。”

【典型案例】

被告人：张某，男，30岁，辽宁省锦州市人，原系锦州市百荷大酒店经理。

2012年12月1日，被告人张某（乙方）与锦州市粮油运输贸易总公司（甲方）签订了承包协议。协议规定甲方将百荷大酒店承包给乙方经营管理，乙方每年向甲方交纳管理费9万元。承包期从2013年1月1日起至2014年12月30日止。2013年1月8日，张某承包经营的百荷大酒店正式营业。

被告人张某从营业之日起至同年7月14日，既不办理税务登记，又不申请缓缴纳税手续，欠缴定额营业税14280元。税务工作人员多次催缴，被告人不予理睬。在税务机关于2013年6月14日向其下达限期纳税通知书后，被告人仍不缴纳。同年7月7日，驻税务机关检察室的检察人员向被告人调查其纳税情况时，被告人张某假报住址。后经查实，被告人根本没有住在该处。为逃避纳税，被告人又于2013年7月14日深夜私自将其存放在百荷大酒店的冰柜、床、行李等财产转移，并且到外地躲避长达4个月之久，致使税务机关无法追缴其欠缴的税款。

锦州市凌河区人民法院经公开审理认为，被告人张某作为纳税义务人，拒不缴纳税款，并且采取转移财产的手段，致使税务机关无法追缴欠缴的税款，数额达1万多元，其行为已构成逃避追缴欠税罪，应依法惩处。被告人辩称未办理税务登记是百荷大酒店发包方的责任，经查与事实不符，本院不予采纳。辩护人提出被告人的行为不构成抗税罪的意见能够成立，本院予以采纳。鉴于被告人在案发后认罪态度较好，积极补缴了所欠税款和罚款，可酌情从轻处罚。法院依照刑法相关规定，判决被告人张某犯逃避追缴欠税罪，判处有期徒刑1年，缓刑2年，并处罚金15000元。

宣判后，被告人张某没有提出上诉，人民检察院也没有提出抗诉。

【专家评析】

逃避追缴欠税罪，是指纳税人欠缴应纳税款，采取转移或者隐匿财产的手段，致使税务机关无法追缴欠缴的税款，数额在1万元以上的行为。这里所称的“纳税人”，实际上是指那些欠税已经超过了税法规定的或者税务机关依法确定的纳税期限仍不缴纳所欠税款的欠税人，包括个人和单位。本罪在主观方面表现为直接故意，行为人的目的就是要逃避纳税。在客观方面表现为行为人采取了转移或者隐匿财产的手段，致使税务机关无法追缴欠缴的税款，数额在1万元以上。如果纳税人没有采取转移或隐匿财产的行为，只是客观上确实无力缴纳所欠税款；或者虽然采取了转移或隐匿财产的行为，企图不缴所欠税款，但税务机关通过采取税收强制措施或者保全措施，依法追缴了所欠税款，都不构成本罪。如果无法追缴的所欠税款数额不满1万元的，应当视为情节显著轻微，不以犯罪论处，由税务机关依照税收法规处理。本案被告人张某作为纳税义务人，欠缴定额营业税达1万多元，税务机关下达限期纳税通知书后，仍不缴纳，并且采取报假住址和转移财产的手段拒不缴税，致使税务机关无法追缴其欠缴的税款，其行为完全符合逃避追缴欠税罪的犯罪构成，法院以此罪对他定罪判刑是正确的。

逃避追缴欠税罪与抗税罪确有相似之处。两罪都是负有纳税义务的人故意违反税收法规，拒不缴纳税款，情节严重的行为。但两罪又有明显的区别。逃避追缴欠税罪的行为人采取转移或者隐匿财产的手段，致使税务机关无法追微欠缴的税款；而抗税罪的行为人则是以暴力、威胁的手段，采取公然对抗的方法拒不缴纳税款。本案被告人张某只是以转移财产的手段逃避纳税，并没有以暴力、威胁的方法抗拒纳税，其行为显然不符合抗税罪的特征，不构成抗税罪。

据此，法院根据本案的事实和情节，以逃避追缴欠税罪判处被告人张某有期徒刑1年，缓刑2年，并处罚金15000元，是适当的。

【法条指引】

中华人民共和国税收征收管理法

第六十五条 纳税人欠缴应纳税款，采取转移或者隐匿财产的手段，妨碍税务机关追缴欠缴的税款的，由税务机关追缴欠缴的税款、滞纳金，并处欠缴税款百分之五十以上五倍以下的罚款；构成犯罪的，依法追究刑事责任。

中华人民共和国刑法

第六十七条 犯罪以后自动投案，如实供述自己的罪行的，是自首。对于自首的犯罪分子，可以从轻或者减轻处罚。其中，犯罪较轻的，可以免除处罚。

被采取强制措施的犯罪嫌疑人、被告人和正在服刑的罪犯，如实供述司法机关还未掌握的本人其他罪行的，以自首论。

犯罪嫌疑人虽不具有前两款规定的自首情节，但是如实供述自己罪行的，可以从轻处罚；因其如实供述自己罪行，避免特别严重后果发生的，可以减轻处罚。

第六十八条 犯罪分子有揭发他人犯罪行为，查证属实的，或者提供重要线索，从而得以侦破其他案件等立功表现的，可以从轻或者减轻处罚；有重大立功表现的，可以减轻或者免除处罚。

第二百零三条 纳税人欠缴应纳税款，采取转移或者隐匿财产的手段，致使税务机关无法追缴欠缴的税款，数额在一万元以上不满十万元的，处三年以下有期徒刑或者拘役，并处或者单处欠缴税款一倍以上五倍以下罚金；数额在十万元以上的，处三年以上七年以下有期徒刑，并处欠缴税款一倍以上五倍以下罚金。

▶ 6. 税务代理人应承担哪些法律责任?

【宣讲要点】

税务代理，是指代理人接受纳税主体的委托，在法定的代理范围内依法代其办理相关税务事宜的行为。税务代理人在其权限内，以纳税人（含扣缴义务人）的名义代为办理纳税申报，申办、变更、注销税务登记证，申请减免税，设置保管账簿凭证，进行税务行政复议和诉讼等纳税事项的服务活动。

税务代理的相关法律关系主要是指纳税人、扣缴义务人委托代理记账税务师办理纳税事宜，从而产生一定的委托方以及受托方之间所存在的权利、义务以及责任关系。

代理记账税务师根据委托方的名义进行相关的代理工作，在相应的代理过程中所产生的法律后果都应当直接归属委托方，税务代理法律关系的确定依据的是委托代理协议书。

税务代理的法律责任一般被分为委托方的法律责任以及受委托方的法律责任。委托方的主要法律责任是纳税人除了应当根据规定来承担本身应当承担的税收法律责任以外，还应当依照规定向受委托方支付一定金额的报酬，如有违约行为，则还应承担违约金以及赔偿金。

受委托方的相关法律责任，是指代理人不履行职责而且还给被代理人带来损害的应当承担相应的民事责任。税务代理如果因为工作的失误或者没有按时完成税务代理事务等未能履行税务代理职责，给委托方造成了不必要的损失，这些都应当由受委托方来负责。代理人知道被委托代理的事项违法，仍进行代理活动的，以及被代理人知道代理人的代理行为违法，并没有表示反对的，由被代理人以及代理人负连带责任。根据相关的规定，注册税务师以及被代理人如果存在相互勾结、偷税抗税、共同违法，应当根据共同违法论处，双方都应当承担法律责任；涉及刑事犯罪的，应移送相关的司法部门依法处理。

【典型案例】

甲集团为某市一家大型房地产企业。2012年，某市乙税务律师事务所主动自荐，承诺经其专业税收筹划，企业至少可以减少缴税20%以上。2013年7月该集团总经理主动要求乙税务律师事务所进行特殊的“税收筹划”。2013年8月至2014年5月，乙税务律师事务所开始协助甲集团作假账，伪造记账凭证，多列成本支出，少计收入。后税务稽查局发现该集团一地产项目共计逃税2340万元。此外，乙税务律师事务所自2012年开始以预售房款直接抵减银行债务，收取房屋定金长期挂账等形式隐匿收入，一年多来，共计少缴税款79.7万元。由于已经构成逃税，税务机关依法将案件移交给检察机关。在审理过程中，乙税务律师事务所提出，在甲集团偷税案中，其只是甲集团的从犯，应该从轻处理。同时，甲集团辩称，在乙税务律师事务所为其所作的日常税收筹划中，集团方面并不知道该税务律师事务所采取了非法的手段进行逃税，对于逃税的79.7万元税款，甲集团不应该负相关责任。[①]

【专家评析】

首先，本案乙税务律师事务所是从犯还是共犯的问题。《中华人民共和国刑法》第27条规定，在共同犯罪中起次要或者辅助作用的，是从犯。本案中乙税务律师事务所为获取经济利益，先是主动上门推销，并且一直采取违法手段为甲集团逃税。此后在甲集团的诱惑下，利用掌握的专业知识为甲集团出谋划策，直接参与了该集团的一系列逃税活动。综上所述，乙税务律师事务所从一开始就有为牟取暴利而违法的主观故意，后又策划并参与了甲集团的一系列偷税行为，其在犯罪活动中起到的绝不仅是次要或者辅助的作用，因此，乙税务律师事务所与甲集团构成偷税罪共同犯罪行为，应该受到相同的刑事处罚。

其次，关于甲集团是否应该对乙税务律师事务所在日常税务代理中的

① 张怡等编：《税法案例教程》，清华大学出版社2008年版，第279页。

违法行为负责的问题。如前所述，甲集团与乙税务律师事务所之间应该是法律意义上的委托代理关系。因此，税务代理活动产生的一切法律后果，均应该由被代理人承担。本案中，如果甲集团确实对乙税务律师事务所所进行的逃税行为不知情，那么可以视作被代理人因为代理人的过错遭受重大损失的情形，在此情况下，可以向乙税务律师事务所要求民事赔偿。

必须注意的是，税务代理与一般的民事代理相比有其特殊性，如实进行纳税申报是每个企业的法定义务，因此，任何企业对自身的财务状况和纳税情况都有必要的关注义务，不能将纳税义务委托给税务律师事务所后就不闻不问。在司法实践中，如果确实是因为税务代理人的过错导致被代理人承担了不利的法律后果，被代理人必须承担完全的举证责任，并能够举出充分的证据，方能要求民事赔偿。从本案的情形分析，甲集团明显有让乙税务律师事务所通过非法的手段为企业偷逃税款的主观故意。因此，甲集团不仅应该承担所有的刑事和行政责任，并且无权要求乙税务律师事务所进行民事赔偿。

【法条指引】

中华人民共和国税收征收管理法

第八十九条 纳税人、扣缴义务人可以委托税务代理人代为办理税务事宜。

中华人民共和国刑法

第二十五条 共同犯罪是指二人以上共同故意犯罪。

二人以上共同过失犯罪，不以共同犯罪论处；应当负刑事责任的，按照他们所犯的罪分别处罚。

第二十七条 在共同犯罪中起次要或者辅助作用的，是从犯。对于从犯，应当从轻、减轻处罚或者免除处罚。

第二百零一条 纳税人采取欺骗、隐瞒手段进行虚假纳税申报或者不申报，逃避缴纳税款数额较大并且占应纳税额百分之十以上的，处三年以下有期徒刑或者拘役，并处罚金；数额巨大并且占应纳税额百分之三十以上的，处三年以上七年以下有期徒刑，并处罚金。

扣缴义务人采取前款所列手段，不缴或者少缴已扣、已收税款，数额较大的，依照前款的规定处罚。

对多次实施前两款行为，未经处理的，按照累计数额计算。

有第一款行为，经税务机关依法下达追缴通知后，补缴应纳税款，缴纳滞纳金，已受行政处罚的，不予追究刑事责任；但是，五年内因逃避缴纳税款受过刑事处罚或者被税务机关给予二次以上行政处罚的除外。

税收征收管理法实施细则

第九十八条 税务代理人违反税收法律、行政法规，造成纳税人未缴或者少缴税款的，除由纳税人缴纳或者补缴应纳税款、滞纳金外，对税务代理人处纳税人未缴或者少缴税款50%以上3倍以下的罚款。

▶ 7. 涉税救济有哪些途径?

【宣讲要点】

涉税救济包括税务行政复议、税务行政诉讼和税务强制执行措施三个途径。

税务行政复议，是指当事人（纳税人、扣缴义务人、纳税担保人及其他税务当事人）不服税务机关及其工作人员作出的税务具体行政行为，依法向上一级税务机关（复议机关）提出申请，复议机关经审理对原税务机关具体行政行为依法作出维持、变更、撤销等决定的活动。

我国税务行政复议具有以下特点：(1) 税务行政复议以当事人不服税务机关及其工作人员作出的税务具体行政行为为前提。(2) 税务行政复议因当事人的申请而产生。当事人提出申请是引起税务行政复议的重要条件之一。当事人不申请，就不可能通过行政复议这种形式获得救济。(3) 税务行政复议案件的审理一般由原处理税务机关的上一级税务机关进行。(4) 税务行政复议与行政诉讼相衔接。

税务行政诉讼，是指公民、法人和其他组织认为税务机关及其工作人员的具体税务行政行为违法或者不当，侵犯了其合法权益，依法向人民法院提起行政诉讼，由人民法院对具体税务行政行为的合法性进行审查并作出裁决的司法活动。其目的是保证人民法院正确、及时审理税务行政案件，保护纳税人、扣缴义务人等当事人的合法权益，维护和监督税务机关依法行使行政职权。

税收强制执行措施，是指税务机关在采取一般税收管理措施无效的情况下，为了维护国家依法征税的权力所采取的一种强行征收税款的手段。因为在本书的第三章中已对税收强制执行措施给予详细介绍，此处不再赘述。

【典型案例】

2008 年 2 月 28 日，原告向被告提交了税款所属期间为 2008 年 1 月 1 日至 2008 年 2 月 28 日的《企业所得税月（季）度纳税申报表》，申报应纳税所得额为 11818163.79 元。2008 年 4 月 15 日，被告以电子扣款方式，向原告征收 2008 年 1 月 1 日至 2008 年 3 月 1 日期间的企业所得税 11818163.79 元。原告不服被告作出的上述税务征收行为，向浙江省慈溪市地方税务局申请行政复议。浙江省慈溪市地方税务局《不予受理行政复议申请决定书》，以原告复议申请超过法定期限为由，决定不予受理。

根据《中华人民共和国行政诉讼法》第 37 条规定，我国现行法律对行政相对人就行政机关作出的具体行政行为选择复议还是诉讼进行救济，以自行选择为原则，以法律、法规规定的复议前置为例外。《中华人民共和国税收征收管理法》第 88 条第 1 款规定：“纳税人、扣缴义务人、纳税担保人同税务机关在纳税上发生争议时，必须先依照税务机关的纳税决定缴纳或者解缴税款及滞纳金或者提供相应的担保，然后可以依法申请行政复议；对行政复议决定不服的，可以依法向人民法院起诉。”因此，原告对被告于 2008 年 4 月 15 日作出的征收原告企业所得税的行政行为提起行政诉讼，必须经过复议前置程序。本案中，原告在起诉前，虽申请了行政复议，但浙江省慈溪市地方税务局以原告复议申请超过法定期限为由，作出了不予受理行政复议申请决定。该决定仅是对复议申请审查后认为原告不符合申请复议的条件，而在程序上拒绝了原告的请求，并未对被告作出的行政行为进行实体审查，也即复议程序尚未实质启动，故不能视同已复议维持被诉税务征收行为。在当事人起诉需要经过复议前置的行政行为时，如果出现复议机关对复议申请不予受理或在法定期限内不作出复议决定的情形，则应首先依照《最高人民法院关于执行〈中华人民共和国行政诉讼法〉若干问题的解释》第33条第2款对不予受理决定或不作为行为提起诉讼之规定，即只有在复议机关启动了复议程序，并对申请复议的具体行政行为作出实质性结论后，才可对原具体行政行为提起诉讼。因此，原告在浙江省慈溪市地方税务局对其提出的复议申请作出不予受理决定后，直接对原具体行政行为提起诉讼，不符合法律规定。据此，依照《最高人民法院关于执行〈中华人民共和国行政诉讼法〉若干问题的解释》第44条第1款第7项、第11项之规定，裁定驳回原告的诉讼请求。

【专家评析】

从税务行政与税务行政复议及其他行政诉讼活动的比较中可以看出，税务行政诉讼具有以下特殊性：

（1）税务行政诉讼是由人民法院进行审理并作出裁决的一种诉讼活动。这是税务行政诉讼与税务行政复议的根本区别。税务行政复议和税务行政诉讼是解决税务行政争议的两条重要途径。由于税务行政争议范围广、数量多、专业性强，大量税务行政争议由税务机关以税务复议方式解决。只有由人民法院对税务进行审理并作出裁决的活动，才是税务行政诉讼。

（2）税务行政诉讼以解决税务行政争议为前提。这是税务行政诉讼与其他行政诉讼活动的根本区别，具体体现在：①被告必须是税务机关，或经法律、法规授权的行使税务行政管理权的组织，而不是其他行政机关或组织；②税务行政诉讼解决的争议发生在税务行政管理过程中；③因税款征纳问题发生的争议，当事人在向人民法院提起行政诉讼前，必须先经税务行政复议程序，即复议前置。

（3）税务行政诉讼的受案范围。其是指人民法院对税务机关的哪些行为拥有司法审查权。换言之，公民、法人或者其他组织对税务机关的哪些行为不服可以向人民法院提起税务行政诉讼。在实际生活中，税务行政争议种类多、涉及面广，不可能也没有必要都诉诸人民法院通过诉讼程序解决。界定税务行政诉讼的受案范围，便于明确人民法院、税务机关及其他国家机关间在解决税务行政争议方面的分工和权限。

具体而言，税务行政诉讼的受案范围与税务行政复议的受案范围基本一致，包括：①税务机关作出的征税行为：一是征收税款、加收滞纳金；二是扣缴义务人、受税务机关委托的单位作出代扣代缴、代收代缴行为及代征行为。②税务机关作出的责令纳税人提交纳税保证金或者纳税担保行为。③税务机关作出的行政处罚行为：一是罚款；二是没收违法所得；三是停止出口退税权；四是收缴发票和暂停供应发票。④税务机关作出的通知出境管理机关阻止出境行为。⑤税务机关作出的税收保全措施：一是书面通知银行或者其他金融机构冻结存款；二是扣押、查封商品、货物或者其他财产。⑥税务机关作出的税收强制执行措施：一是书面通知银行或者其他金融机构扣缴税款；二是拍卖所扣押、查封的商品、货物或者其他财产抵缴税款。⑦认为符合法定条件申请税务机关颁发税务登记证和发售发票，税务机关拒绝颁发、发售或者不予答复的行为。⑧税务机关的复议行为：一是复议机关改变了原具体行政行为；二是期限届满，税务机关不予答复。

【法条指引】

中华人民共和国税收征收管理法

第八十八条　纳税人、扣缴义务人、纳税担保人同税务机关在纳税上发生争议时，必须先依照税务机关的纳税决定缴纳或者解缴税款及滞纳金或者提供相应的担保，然后可以依法申请行政复议；对行政复议决定不服的，可以依法向人民法院起诉。

当事人对税务机关的处罚决定、强制执行措施或者税收保全措施不服的，可以依法申请行政复议，也可以依法向人民法院起诉。

当事人对税务机关的处罚决定逾期不申请行政复议也不向人民法院起诉、又不履行的，作出处罚决定的税务机关可以采取本法第四十条规定的强制执行措施，或者申请人民法院强制执行。

▶ 8. 虚开发票骗税应承担什么法律责任?

【宣讲要点】

税收刑事法律责任，是指行为人违反税法及刑法的规定，对自己所实施的税收犯罪行为应当负担的谴责、限制和剥夺等刑事法律后果。税收刑事责任是连接税收犯罪与刑罚的中间环节和纽带，与税收犯罪行为有着直接的联系；同时，也是对行为人适用刑法的必要前提，刑罚的轻重程度取决于责任的轻重程度。税收刑事责任作为刑事责任的一种，适用刑法总则追究刑事责任的一般规定。但税收刑事责任仍具有其特殊之处。

（1）承担应纳税义务的单位和个人以及税务机关工作人员是税收刑事责任的主要承担主体。

（2）应当承担税收刑事责任的税收犯罪，所侵犯的客体一般均为单一客体，即为国家的税收征管秩序，只有抗税罪侵犯的是复杂客体，即除税收秩序之外，还侵犯税务机关工作人员的人身权利。

（3）财产处罚的刑事责任形式在税收刑事责任中具有普遍适用的意义。税收犯罪是一种重要的财产犯罪，在刑事责任的承担方式上，各国均肯定了对行为人的财产处罚，以通过财产利益的剥夺，来遏制税收犯罪的发生。但财产处罚的刑事责任较少单独适用，一般与自由刑并用，即在规定处以徒刑等自由刑时，均规定要并处罚金。

【典型案例】

2011 年 11 月 23 日，深圳市某区国税局到深圳市某进出口有限公司检查出口退税情况时，发现该公司有多家外贸企业和生产企业的财务账册、盖有这些公司公章的空白委托报关协议等资料。深圳市区国税局当即成立检查组，对该公司及多家外贸企业、生产企业开展调查。

经过调查发现，该公司以其控制的17家生产企业和8家外贸公司的名义取得纱线类原材料增值税专用发票，再将纱线类发票作进项抵扣，伪造生产假象，虚开服装类专用发票给贸易公司。经查，该案涉及深圳市17家生产企业、12家外贸企业和5家外地企业。涉案生产企业自2008年年底至案发日止，共虚开增值税专用发票13877份，涉案金额高达11.2亿元，价税合计13.1亿元。在大量的物证、书证面前，犯罪嫌疑人对虚开、骗税的犯罪事实供认不讳。[①]

【专家评析】

本案事实十分清楚，张某利用伪造的海关完税凭证，虚开增值税发票，金额高达11.2亿元，骗取巨大国家税款，使用虚假海关完税凭证，其行为已经构成刑法第205条规定的虚开增值税发票罪、用于骗取出口退税、抵扣税款发票罪。由于其虚开的金额巨大，应该被认定为数额特别巨大，情节特别严重，按照刑法第205条第1款规定："……虚开的税款数额巨大或者有其他特别严重情节的，处十年以上有期徒刑或者无期徒刑，并处五万元以上五十万元以下罚金或者没收财产。"法院对该案的判决合法有据。

根据我国刑法的规定，我国税收刑罚包括主刑和附加刑两种，主刑包括管制、拘役、有期徒刑、无期徒刑和死刑五种，附加刑包括罚金、剥夺政治权利和没收财产。

增值税专用发票是国家履行财政职能、组织税收收入的重要工具。侵害正常的增值税发票使用秩序，往往会给国家税收带来巨大的直接损失。因此，只要与增值税专用发票有关的犯罪，其刑罚都比较严重，其中刑法第205条规定的虚开增值税专用发票用于骗取出口退税、抵扣税款发票罪，第206条规定的伪造或者出售伪造的增值税专用发票罪，除有相应的罚金以外，法定最高刑都是无期徒刑。

---

① http：//www.gdga.gov.cn/jwzx/jsyw/201308/t20130807_677677.html，访问日期：2014年5月30日。

【法条指引】

中华人民共和国刑法

第二百零五条 虚开增值税专用发票或者虚开用于骗取出口退税、抵扣税款的其他发票的，处三年以下有期徒刑或者拘役，并处二万元以上二十万元以下罚金；虚开的税款数额较大或者有其他严重情节的，处三年以上十年以下有期徒刑，并处五万元以上五十万元以下罚金；虚开的税款数额巨大或者有其他特别严重情节的，处十年以上有期徒刑或者无期徒刑，并处五万元以上五十万元以下罚金或者没收财产。

单位犯本条规定之罪的，对单位判处罚金，并对其直接负责的主管人员和其他直接责任人员，处三年以下有期徒刑或者拘役；虚开的税款数额较大或者有其他严重情节的，处三年以上十年以下有期徒刑；虚开的税款数额巨大或者有其他特别严重情节的，处十年以上有期徒刑或者无期徒刑。

虚开增值税专用发票或者虚开用于骗取出口退税、抵扣税款的其他发票，是指有为他人虚开、为自己虚开、让他人为自己虚开、介绍他人虚开行为之一的。

虚开本法第二百零五条规定以外的其他发票，情节严重的，处二年以下有期徒刑、拘役或者管制，并处罚金；情节特别严重的，处二年以上七年以下有期徒刑，并处罚金。

单位犯前款罪的，对单位判处罚金，并对其直接负责的主管人员和其他直接责任人员，依照前款的规定处罚。

第二百零六条 伪造或者出售伪造的增值税专用发票的，处三年以下有期徒刑、拘役或者管制，并处二万元以上二十万元以下罚金；数量较大或者有其他严重情节的，处三年以上十年以下有期徒刑，并处五万元以上五十万元以下罚金；数量巨大或者有其他特别严重情节的，处十年以上有期徒刑或者无期徒刑，并处五万元以上五十万元以下罚金或者没收财产。

单位犯本条规定之罪的，对单位判处罚金，并对其直接负责的主管人员和其他直接责任人员，处三年以下有期徒刑、拘役或者管制；数量较大或者有其他严重情节的，处三年以上十年以下有期徒刑；数量巨大或者有其他特别严重情节的，处十年以上有期徒刑或者无期徒刑。

第二百零七条 非法出售增值税专用发票的，处三年以下有期徒刑、拘役或者管制，并处二万元以上二十万元以下罚金；数量较大的，处三年以上十年以下有期徒刑，并处五万元以上五十万元以下罚金；数量巨大的，处十年以上有期徒刑或者无期徒刑，并处五万元以上五十万元以下罚金或者没收财产。

第二百零八条 非法购买增值税专用发票或者购买伪造的增值税专用发票的，处五年以下有期徒刑或者拘役，并处或者单处二万元以上二十万元以下罚金。

非法购买增值税专用发票或者购买伪造的增值税专用发票又虚开或者出售的，分别依照本法第二百零五条、第二百零六条、第二百零七条的规定定罪处罚。

▶ 9. 涉税犯罪主要有哪些？

【宣讲要点】

对纳税人及扣缴义务人而言，主要涉及偷税罪、抗税罪等；对税务人员而言则涉及徇私舞弊不征、少征税款罪以及徇私舞弊发售发票、抵扣税款、出口退税罪等。

偷税罪，是日常税收征收管理中最常见的税收犯罪。偷税罪的犯罪主体，只能是纳税人和扣缴义务人。在主观要件上，犯罪主体必须具有故意；在客观上，偷税罪的构成包括三个方面的内容：一是伪造、变造、隐匿、擅自销毁账簿、记账凭证、在账簿上多列支出或者不列、少列收入；二是经税务机关通知申报而拒不申报，或者进行虚假的申报；三是不缴或者少缴应纳税款或者已扣、已收税款，达到法定标准。

抗税罪，是指以暴力、威胁方法拒不缴纳税款的行为。

税收刑事责任，不仅针对纳税人和扣缴义务人，税务人员违反国家法律规定，构成犯罪的，同样需要承担刑事责任。刑法第404、第405条专门针对税务机关工作人员规定了有关的犯罪行为及其刑事责任，分别是徇私舞弊不征、少征税款罪以及徇私舞弊发售发票、抵扣税款、出口退税罪。

【典型案例】

某商贸有限公司为私营企业，法定代表人为朝某。2005年，该公司位于某市南城区的一座三层高的自有房产因为城市开发而被政府拆除。作为补偿，该公司得到了位于原位置新建楼房底层临街的四个商铺，总面积为278平方米，2007年4月投入使用，由于地段较好，商铺很快被出租出去。朝某为少缴税款，在纳税申报时故意隐瞒了房屋租赁收入，2007年11月，税收管理员单某得知了某商贸公司获得政府补偿门面的消息，于是打电话对朝某进行调查了解。由于朝某与单某平日私交甚笃，多有往来，朝某对其隐瞒收入的事实直言不讳，解释因公司最近资金紧张，周转困难，请单某多多支持，并提出等公司财政情况好转，定有重谢。碍于私情，单某决定对朝某的逃税行为网开一面，同时叮嘱朝某做账时一定要做到不留任何痕迹。此后，朝某为应付2008年的企业所得税汇算清缴，擅自将公司原账簿进行销毁，转而启用一套新的账簿，完全隐匿了自2007年5月起获得的房屋租赁收入。

2008年2月，南城区地方税务局稽查局进行例行检查时，意外发现了该商贸公司隐匿房屋租赁的事实，于是派出稽查人员到户进行检查。稽查人员很快查清了朝某的违法事实，并且依法向某商贸公司追缴税款。朝某在向稽查人员行贿未果后，便打电话到稽查人员家中，威胁稽查人员立即停止检查并且拒绝缴纳税款。经稽查人员落实，自2007年5月开始，该公司累计少缴房产税、营业税、企业所得税共计12.7万元，该公司同期应纳税额为47.3万元。[①]

【专家评析】

本案中，朝某采用私自销毁账簿的手段，偷逃税款达到12.7万元，占应税纳税总额的28%，因此，朝某的行为已经构成偷税罪。在稽查人员进行检查、追缴税款时，朝某对检查人员采用了威胁的手段以达到不缴纳税款的目的，因此，朝某的行为同时构成了抗税罪。

另外，单某作为税务机关工作人员，在明知朝某存在偷税漏税行为的情形下，出于私情和私利的考虑，没有履行其作为一名税务人员应尽的职责和义务，其行为不但违反了税务人员基本的职业操守和行为准则，同时触犯了法律。刑法第404条的规定："税务机关的工作人员徇私舞弊，不征或者少征应征税款，致使国家税收遭受重大损失的，处五年以下有期徒刑或者拘役；造成特别重大损失的，处五年以上有期徒刑。"本案中，朝某少缴税款高达12.7万元，参照有关玩忽职守罪的立案标准，致使国家损失税收5万元以上的，可视为重大损失。因此，单某的行为已经构成了徇私舞弊不征、少征税款罪，应承担相应的刑事责任。

【法条指引】

中华人民共和国税收征收管理法

第六十三条　纳税人伪造、变造、隐匿、擅自销毁帐簿、记帐凭证，或者在帐簿上多列支出或者不列、少列收入，或者经税务机关通知申报而拒不申报或者进行虚假的纳税申报，不缴或者少缴应纳税款的，是偷税。对纳税人偷税的，由税务机关追缴其不缴或者少缴的税款、滞纳金，并处不缴或者少缴的税款百分之五十以上五倍以下的罚款；构成犯罪的，依法追究刑事责任。

① 张怡等编：《税法案例教程》，清华大学出版社2008年版，第294页。

扣缴义务人采取前款所列手段，不缴或者少缴已扣、已收税款，由税务机关追缴其不缴或者少缴的税款、滞纳金，并处不缴或者少缴的税款百分之五十以上五倍以下的罚款；构成犯罪的，依法追究刑事责任。

第八十一条 税务人员利用职务上的便利，收受或者索取纳税人、扣缴义务人财物或者谋取其他不正当利益，构成犯罪的，依法追究刑事责任；尚不构成犯罪的，依法给予行政处分。

第八十二条 税务人员徇私舞弊或者玩忽职守，不征或者少征应征税款，致使国家税收遭受重大损失，构成犯罪的，依法追究刑事责任；尚不构成犯罪的，依法给予行政处分。

税务人员滥用职权，故意刁难纳税人、扣缴义务人的，调离税收工作岗位，并依法给予行政处分。

税务人员对控告、检举税收违法违纪行为的纳税人、扣缴义务人以及其他检举人进行打击报复的，依法给予行政处分；构成犯罪的，依法追究刑事责任。

税务人员违反法律、行政法规的规定，故意高估或者低估农业税计税产量，致使多征或者少征税款，侵犯农民合法权益或者损害国家利益，构成犯罪的，依法追究刑事责任；尚不构成犯罪的，依法给予行政处分。

中华人民共和国刑法

第二百零一条 纳税人采取欺骗、隐瞒手段进行虚假纳税申报或者不申报，逃避缴纳税款数额较大并且占应纳税额百分之十以上的，处三年以下有期徒刑或者拘役，并处罚金；数额巨大并且占应纳税额百分之三十以上的，处三年以上七年以下有期徒刑，并处罚金。

扣缴义务人采取前款所列手段，不缴或者少缴已扣、已收税款，数额较大的，依照前款的规定处罚。

对多次实施前两款行为，未经处理的，按照累计数额计算。

有第一款行为，经税务机关依法下达追缴通知后，补缴应纳税款，缴纳滞纳金，已受行政处罚的，不予追究刑事责任；但是，五年内因逃避缴纳税款受过刑事处罚或者被税务机关给予二次以上行政处罚的除外。

第二百零二条 以暴力、威胁方法拒不缴纳税款的，处三年以下有期徒刑或者拘役，并处拒缴税款一倍以上五倍以下罚金；情节严重的，处三年以上七年以下有期徒刑，并处拒缴税款一倍以上五倍以下罚金。

第四百零四条 税务机关的工作人员徇私舞弊，不征或者少征应征税款，致使国家税收遭受重大损失的，处五年以下有期徒刑或者拘役；造成特别重大损失的，处五年以上有期徒刑。

第四百零五条 税务机关的工作人员违反法律、行政法规的规定，在办理发售发票、抵扣税款、出口退税工作中，徇私舞弊，致使国家利益遭受重大损失的，处五年以下有期徒刑或者拘役；致使国家利益遭受特别重大损失的，处五年以上有期徒刑。

其他国家机关工作人员违反国家规定，在提供出口货物报关单、出口收汇核销单等出口退税凭证的工作中，徇私舞弊，致使国家利益遭受重大损失的，依照前款的规定处罚。

▶ 10. 骗取出口退税的应承担什么责任？

【宣讲要点】

有的单位和个人利用出口报关单、汇结单、虚抬出口产品进货价格，虚增出口产品价格等手段，大量骗取退税，损害了国家有关出口退税政策。如果任其发展下去，出口退税政策可能被毁掉，因此，反骗税是一项复杂而又艰巨的斗争。税收征收管理法与刑法的规定为打击骗税行为提供了法律依据。

骗税的主体主要包括两种。一种为生产或者经营商品的企事业单位；

另一种是除纳税人之外的单位和个人。前者是对其所生产的或者经营的商品假报出口，以骗取国家出口退税。企事业单位所生产或者经营的商品已经纳过税，但通过假报出口，享受退税的优惠，将已交的税款通过非法手段骗回到自己手中，属于纳税人骗税。由税务机关追缴其骗取的退税额，并处以骗取税款的 1 倍以上 5 倍以下的罚款，对这类骗取国家出口退税的，税务机关还可以在规定期间内停止为其办理出口退税。而后者既没有出口该商品，也没有生产或者经营商品，完全是骗取国家退税，通过假单据、假合同、假的交易和交易对象骗取出口退税，首先是追缴其出口退税款，并处以骗取税款的 1 倍以上 5 倍以下的罚款；有其他诈骗行为如伪造印章等，也应该一并处理。

上述两种行为构成犯罪的，按刑法追究责任。刑法第 204 条、第 205 条作了详细的规定，具体内容如下。第 204 条规定："以假报出口或者其他欺骗手段，骗取国家出口退税款，数额较大的，处五年以下有期徒刑或者拘役，并处骗取税款一倍以上五倍以下罚金；数额巨大或者有其他严重情节的，处五年以上十年以下有期徒刑，并处骗取税款一倍以上五倍以下罚金；数额特别巨大或者有其他特别严重情节的，处十年以上有期徒刑或者无期徒刑，并处骗取税款一倍以上五倍以下罚金或者没收财产。纳税人缴纳税款后，采取前款规定的欺骗方法，骗取所缴纳的税款的，依照本法第二百零一条的规定定罪处罚；骗取税款超过所缴纳的税款部分，依照前款的规定处罚。"第 205 条规定："虚开增值税专用发票或者虚开用于骗取出口退税、抵扣税款的其他发票的，处三年以下有期徒刑或者拘役，并处二万元以上二十万元以下罚金；虚开的税款数额较大或者有其他严重情节的，处三年以上十年以下有期徒刑，并处五万元以上五十万元以下罚金；虚开的税款数额巨大或者有其他特别严重情节的，处十年以上有期徒刑或者无期徒刑，并处五万元以上五十万元以下罚金或者没收财产。单位犯本条规定之罪的，对单位判处罚金，并对其直接负责的主管人员和其他直接责任人员，处三年以下有期徒刑或者拘役；虚开的税款数额较大或者有其他严重情节的，处三年以上十年以下有期徒刑；虚开的税款数额巨大或者有其他特别严重情节的，处十年以上有期徒刑或者无期徒刑。虚开增值税专用发票或者虚开用于骗取出口退税、抵扣税款的其他发票，是指有为他人虚开、为自己虚开、让他人为自己虚开、介绍他人虚开行为之一的。虚开本法第二百零五条规定以外的其他发票，情节严重的，处二年以下有期徒刑、拘役或者管制，并处罚金；情节特别严重的，处二年以上七年以下有期徒刑，并处罚金。单位犯前款罪的，对单位判处罚金，并对其直接负责的主管人员和其他直接责任人员，依照前款的规定处罚。"

【典型案例】

2008 年 2 月，中国包装进出口××公司（以下简称包装公司）总经理侯某某经本公司总经理助理刘某某介绍，认识了广东××集团有限公司副经理林某（在逃），双方商定开展合作出口业务：由林某以包装公司名义实施出口贸易，支付购货款；由包装公司提供货物出口所需手续和全套空白单证，支付出口货物所纳税款，并按每收汇 1 美元不低于 0.03 元人民币的利润提成，其余款项由林某自行支配。

侯某某召集公司领导班子会议，一致同意上述协议，并决定由刘某某具体负责该项业务。当月，侯某某应林某要求，指派刘某某以包装公司的名义在中国银行××分行开设结汇账户。同年 4 月，将公司财务章、法人印章交给林某。同时，安排刘某某、刘某等人将公司印鉴齐全的内外销合同、报关委托书、报关单、外汇核销单、商业发票、商检委托书、装箱单等空白单证交给林某。

此后，林某即以包装公司的名义单独进行出口贸易。公司财务将林某返回的单证作为自营出口业务。包装公司通过虚构与广东省××实兴通针织有限公司、潮阳市××制衣有限公司等企业出口购货金额 7071 万元的事实，从 2009 年 1 月至 2010 年 6 月底，以林某返回的虚构的报关单、外销发票、外销核销单、增值税专用发票等单证，骗取国家出口退税款 8537068.35 元。为掩盖上述事实，侯某某指使本公司员工刘某、钟某伪造了与林某所做业务的外销、内购合同。为了核对与对方的买单业务，侯某某又以对账为名，让刘某从西安外汇管理局借出包装公司整套外汇核销凭证，交给林某。西安市人民检察院认为包装公司及侯某某均已构成骗取出口退税罪。[1]

【专家评析】

实践中，一些有进出口经营权的公司、企业，为了获取出口代理费，在“四自三不见”（自带客户、自带货源、自带汇票、自行报关和不见供货、不见货主、不见外商）的情况下，不管他人提供的出口退税凭证的真伪，与无进出口经营权的公司、企业或个人签订代理出口合同。

对此，《最高人民法院关于审理骗取出口退税刑事案件具体应用法律若干问题的解释》第6条明确规定，有进出口经营权的公司、企业，明知他人意欲骗取国家出口退税款，仍允许他人自带客户、自带货源、自带汇票并自行报关，骗取国家出口退税款的，依照刑法第二百零四条、第二百一十一条的规定定罪处罚。对于不能证实有进出口经营权的公司、企业“明知他人意欲骗取国家出口退税款”的，即使造成了国家税款被骗的结果，也不能以骗取出口退税罪定罪处罚。因此，认定是否“明知他人意欲骗取出口退税款”就成为认定具有出口经营权的公司、企业是否构成骗取出口退税罪的关键。

本案中，包装公司与林某的合作出口业务并没有真实的货物出口，包装公司据以申报的出口退税系虚假出口业务，林某通过“四自三不见”这种手段，伪造了虚假的报关单、外销发票、外汇核销单、增值税专用发票等单证，交给包装公司，由包装公司用林某返回的单证申报出口退税，实际骗取国家税款800多万元。林某的行为是骗取出口退税犯罪行为。

【法条指引】

中华人民共和国税收征收管理法

第六十六条 以假报出口或者其他欺骗手段，骗取国家出口退税款的，由税务机关追缴其骗取的退税款，并处骗取税款一倍以上五倍

① http：//www.66law.cn/laws/110114.aspx，访问日期：2014年5月30日。

以下的罚款；构成犯罪的，依法追究刑事责任。

对骗取国家出口退税款的，税务机关可以在规定期间内停止为其办理出口退税。

中华人民共和国刑法

第二百零四条 以假报出口或者其他欺骗手段，骗取国家出口退税款，数额较大的，处五年以下有期徒刑或者拘役，并处骗取税款一倍以上五倍以下罚金；数额巨大或者有其他严重情节的，处五年以上十年以下有期徒刑，并处骗取税款一倍以上五倍以下罚金；数额特别巨大或者有其他特别严重情节的，处十年以上有期徒刑或者无期徒刑，并处骗取税款一倍以上五倍以下罚金或者没收财产。

纳税人缴纳税款后，采取前款规定的欺骗方法，骗取所缴纳的税款的，依照本法第二百零一条的规定定罪处罚；骗取税款超过所缴纳的税款部分，依照前款的规定处罚。

第二百一十一条 单位犯本节第二百零一条、第二百零三条、第二百零四条、第二百零七条、第二百零八条、第二百零九条规定之罪的，对单位判处罚金，并对其直接负责的主管人员和其他直接责任人员，依照各该条的规定处罚。

最高人民法院关于审理骗取出口退税刑事案件具体应用法律若干问题的解释

第一条 刑法第二百零四条规定的“假报出口”，是指以虚构已税货物出口事实为目的，具有下列情形之一的行为：

（一）伪造或者签订虚假的买卖合同；

（二）以伪造、变造或者其他非法手段取得出口货物报关单、出口收汇核销单、出口货物专用缴款书等有关出口退税单据、凭证；

（三）虚开、伪造、非法购买增值税专用发票或者其他可以用于出口退税的发票；

（四）其他虚构已税货物出口事实的行为。

第三条 骗取国家出口退税款5万元以上的，为刑法第二百零四条规定的“数额较大”；骗取国家出口退税款50万元以上的，为刑法第二百零四条规定的“数额巨大”；骗取国家出口退税款250万元以上的，为刑法第二百零四条规定的“数额特别巨大”。

第五条 具有下列情形之一的，属于刑法第二百零四条规定的“其他特别严重情节”：

（一）造成国家税款损失150万元以上并且在第一审判决宣告前无法追回的；

（二）因骗取国家出口退税行为受过行政处罚，两年内又骗取国家出口退税款数额在150万元以上的；

（三）情节特别严重的其他情形。

第六条 有进出口经营权的公司、企业，明知他人意欲骗取国家出口退税款，仍违反国家有关进出口经营的规定，允许他人自带客户、自带货源、自带汇票并自行报关，骗取国家出口退税款的，依照刑法第二百零四条第一款、第二百一十一条的规定定罪处罚。

▶ 11. 逾期仍未缴纳税款应承担什么责任？

【宣讲要点】

纳税人拖欠税款不予缴纳的行为和抗税行为是有区别的。抗税属于“硬抗”，纳税人以公然对抗的态度，以暴力或者威胁税务人员的方式拒绝缴纳税款。拖欠税款不予缴纳属于“软抗”，纳税人不否认其纳税义务，而是寻找不能缴税的种种借口，例如无钱缴税等。二者的共同之处是纳税人都想达到不缴纳税款的目的。

针对少数纳税人不自觉依法纳税，拖欠税款的行为，税收征收管理法规定，纳税人、扣缴义务人在规定期限内不缴或者少缴应纳或者应解缴的税款，经税务机关责令限期缴纳，逾期仍未缴纳的，税务机关除依照本法第40条的规定采取强制执行措施追缴其不缴或者少缴的税款外，可以处不缴或者少缴的税款50%以上5倍以下的罚款。这对税款及时足额入库，维护国家整体利益，体现税法严肃性，有着重要的意义。

【典型案例】

中远实业有限公司（以下简称中远公司）以一般贸易方式向某海关申报进口聚酯稀化工原料一批。中远公司按海关审定完税价格缴纳了该批货物进口关税和进口环节增值税，某海关办理了结关放行手续。此后，某海关经核查发现，其对中远公司进口化工原料的商品归类有误，导致漏征部分税款。某海关向中远公司制发税款缴款书，补征进口关税和进口环节增值税共计人民币25万余元，同时，向该公司说明了补税原因和理由。中远公司对海关补税决定持有异议，但没有就此申请行政复议或提起行政诉讼，也未缴纳税款。后法定缴税期限届满，中远公司未缴纳税款，某海关开始对该公司计征滞纳金，并催促其履行缴纳税款义务。在中远公司逾期3个月未缴纳应缴税款的情况下，某海关书面通知该公司，限其在5日内履行税款给付义务，否则将采取强制措施执行税款。至当年8月9日，催缴期限届满，中远公司依旧没有回应。某海关遂实施税收强制执行措施，书面通知中远公司开户银行，从该公司存款账户内扣缴了其应缴税款以及因迟延履行纳税义务所产生的滞纳金。①

【专家评析】

首先，本案涉及的是逾期仍未缴纳税款的问题。实践中总是存在负有纳税义务的人不愿意承担或者不及时承担这项义务，所以法律规定了纳税人、扣缴义务人在规定期限内不缴或者少缴应纳或者应解缴的税款，税务机关首先会责令其限期缴纳，逾期仍未缴纳的，税务机关可以按规定采取强制执行措施追缴其不缴或者少缴的税款，还可以处不缴或者少缴的税款50%以上5倍以下的罚款。以此来维护国家税收的权威。

其次，本案涉及海关税收强制执行问题。海关税收强制执行措施是海

① http://www.customs.gov.cn/publish/portal0/tab2560/module21051/info66247.htm，访问日期：2014年5月30日。

关在纳税义务人逾期缴纳税款的情况下，以纳税义务人有关财物为执行标的抵缴其应缴税款的行政强制措施。海关法第60条对海关税收强制执行作出了授权性规定，明确规定了纳税义务人缴纳税款的期限以及海关实施税收强制执行措施的条件、方式和程序。

根据海关法第60条的有关规定，海关对纳税义务人采取税收强制执行措施必须符合以下条件：

第一，纳税义务人自缴纳税款期限届满之日起超过3个月未缴纳税款。

第二，实施税收强制执行措施必须经过直属海关关长或者其授权的隶属海关关长的批准。

最后，根据海关法的有关规定，海关对逾期缴纳税款的纳税义务人采取税收强制执行措施包括以下三种方式：一是书面通知纳税义务人开户银行或者其他金融机构从其存款内扣缴税款（在前文所述案例中，某海关即是通过此种方式强制执行中远公司应缴税款）；二是将应税货物依法变卖，以变卖所得抵缴税款；三是扣留并依法变卖纳税义务人价值相当于应纳税款的货物或者其他财产，以变卖所得抵缴税款。

海关采取税收强制执行措施时，对于纳税义务人未缴纳的滞纳金同时强制执行。

【法条指引】

中华人民共和国税收征收管理法

第六十八条 纳税人、扣缴义务人在规定期限内不缴或者少缴应纳或者应解缴的税款，经税务机关责令限期缴纳，逾期仍未缴纳的，税务机关除依照本法第四十条的规定采取强制执行措施追缴其不缴或者少缴的税款外，可以处不缴或者少缴的税款百分之五十以上五倍以下的罚款。

中华人民共和国海关法

第六十条 进出口货物的纳税义务人，应当自海关填发税款缴款书之日起十五日内缴纳税款；逾期缴纳的，由海关征收滞纳金。纳税义务人、担保人超过三个月仍未缴纳的，经直属海关关长或者其授权的隶属海关关长批准，海关可以采取下列强制措施：

（一）书面通知其开户银行或者其他金融机构从其存款中扣缴税款；

（二）将应税货物依法变卖，以变卖所得抵缴税款；

（三）扣留并依法变卖其价值相当于应纳税款的货物或者其他财产，以变卖所得抵缴税款。

海关采取强制措施时，对前款所列纳税义务人、担保人未缴纳的滞纳金同时强制执行。

进出境物品的纳税义务人，应当在物品放行前缴纳税款。

▶ 12. 税务机关查封扣押不当的应承担什么责任?

【宣讲要点】

税收保全，是税务机关对于纳税人的行为或者某种客观原因造成的应征收款不能得到有效保证或者难以保证时，所采取的确保税款完整的措施。其中就包括查封、扣押纳税人价值相当于应纳税款的商品、货物或者其他财产。但是，在采取查封、扣押措施时，要注意两点：一是采取这项税收保全措施必须依照法定的程序；二是查封、扣押的财产不能是纳税人个人及其所扶养家属维持生活必需的住房和用品。

【典型案例】

某县地税局某分局（以下简称地税分局）于2012年7月组织相关人员对其辖区内纳税户经营情况进行摸底调查后，发现一餐饮业纳税户的月定额明显偏低，决定对该业户从8月起调整定额。地税分局按照规定的程序，将该纳税户原月定营业税等地方税费1200元调整为1500元，并于7月20日向该纳税户下达了调整定额通知书，告知其从8月1日起执行新定额。该纳税户认为定额太高，自己获利将减少，而对此次定额调整不满，并在同行业户中说7月底前欲将此店迁往他县经营，同时准备7月应缴的地方税费也不缴了。地税分局得知这一消息后，于7月21日书面责令该纳税户必须于7月25日前将7月应缴的营业税等地方税费缴纳入库。7月22日，地税分局发现该纳税户已开始转移货物，于是当日扣押了该纳税户一辆价值4800元的新摩托车，并向该纳税户开具了清单。

该纳税户对地税分局所采取的税收保全措施不服，于是向县地税局口头申请了行政复议，要求撤销该税收保全措施，退回所扣摩托车。县地税局行政复议委员会经复议认定，地税分局的执法程序不合法，决定予以撤销地税分局的税收保全措施，并责令地税分局将所扣摩托车退回给纳税户。①

【专家评析】

首先，本案中该地税分局的违法措施是，在采取税收保全措施之前（扣押货物之前）未责令纳税户提供纳税担保。同时，该地税分局所采取的保全措施未经县地税局局长批准而擅自作出，超越了法定权限。同时，扣押的摩托车的价值远远超过了纳税户应纳税款数额，且扣押货物不应当开具清单，应开具收据。

其次，通过本案我们可以发现，一个本来实体相对合法但由于执法程序不到位的保全措施，在行政复议时被撤销了。尽管经县局复议及时补救，没有给纳税人合法权益造成损失，税务机关并不承担赔偿责任，纳税人也接受了复议决定而没有进一步提起诉讼，但影响是不好的，教训还是值得总结的。从中我们可以看出，在少数税务执法人员中仍存在执法随意性，存在重实体轻程序等现象。随着经济的发展，涉税事项会越来越多，纳税争议会越来越广，纳税人法律意识会越来越强，对税务干部的法律素养和执法水平提出了更高的要求。地税干部也要树立法律意识，努力提高

① http：//www. ntds. gov. cn/art/2009/8/12/art_ 1286 _ 38793. html，访问日期：2014年5月31日。

自己的法律意识，坚决养成依法办事的习惯。

【法条指引】

中华人民共和国税收征收管理法

第三十八条　税务机关有根据认为从事生产、经营的纳税人有逃避纳税义务行为的，可以在规定的纳税期之前，责令限期缴纳应纳税款；在限期内发现纳税人有明显的转移、隐匿其应纳税的商品、货物以及其他财产或者应纳税的收入的迹象的，税务机关可以责成纳税人提供纳税担保。如果纳税人不能提供纳税担保，经县以上税务局（分局）局长批准，税务机关可以采取下列税收保全措施：

（一）书面通知纳税人开户银行或者其他金融机构冻结纳税人的金额相当于应纳税款的存款；

（二）扣押、查封纳税人的价值相当于应纳税款的商品、货物或者其他财产。

纳税人在前款规定的限期内缴纳税款的，税务机关必须立即解除税收保全措施；限期期满仍未缴纳税款的，经县以上税务局（分局）局长批准，税务机关可以书面通知纳税人开户银行或者其他金融机构从其冻结的存款中扣缴税款，或者依法拍卖或者变卖所扣押、查封的商品、货物或者其他财产，以拍卖或者变卖所得抵缴税款。

个人及其所扶养家属维持生活必需的住房和用品，不在税收保全措施的范围之内。

第四十二条　税务机关采取税收保全措施和强制执行措施必须依照法定权限和法定程序，不得查封、扣押纳税人个人及其所扶养家属维持生活必需的住房和用品。

第四十三条　税务机关滥用职权违法采取税收保全措施、强制执行措施，或者采取税收保全措施、强制执行措施不当，使纳税人、扣缴义务人或者纳税担保人的合法权益遭受损失的，应当依法承担赔偿责任。

第四十七条 税务机关扣押商品、货物或者其他财产时，必须开付收据；查封商品、货物或者其他财产时，必须开付清单。

第七十九条 税务机关、税务人员查封、扣押纳税人个人及其所扶养家属维持生活必需的住房和用品的，责令退还，依法给予行政处分；构成犯罪的，依法追究刑事责任。